◉目次

おもな登場人物

アントン・フェリックス・シンドラー……ヴァイオリニスト、指揮者、伝記作家、ベートーヴェンの秘書
ルートヴィヒ・ヴァン・ベートーヴェン……作曲家

ニコラウス・ヨハン・ヴァン・ベートーヴェン……薬剤師、ベートーヴェンの末弟
カール・ヴァン・ベートーヴェン……ベートーヴェンの甥《おい》
イグナーツ・シュパンツィヒ……ヴァイオリニスト、ベートーヴェンの友人
カール・ホルツ……ヴァイオリニスト、ベートーヴェンの秘書
カール・チェルニー……ピアノ教師、作曲家、ベートーヴェンの弟子
フランツ・リスト……ピアニスト、指揮者、作曲家、チェルニーの弟子
シュテファン・フォン・ブロイニング……宮廷顧問官、ベートーヴェンの友人
ゲルハルト・フォン・ブロイニング……シュテファンの息子
フランツ・ゲルハルト・ヴェーゲラー……医師、ベートーヴェンの友人
フェルディナント・リース……ピアニスト、指揮者、作曲家、ベートーヴェンの弟子
フランツ・ヴュルナー……シンドラーの弟子
アレクサンダー・ウィーロック・セイヤー……音楽ジャーナリスト、伝記作家

関連地図

1827年　ヨーロッパ

ウィーン中心部

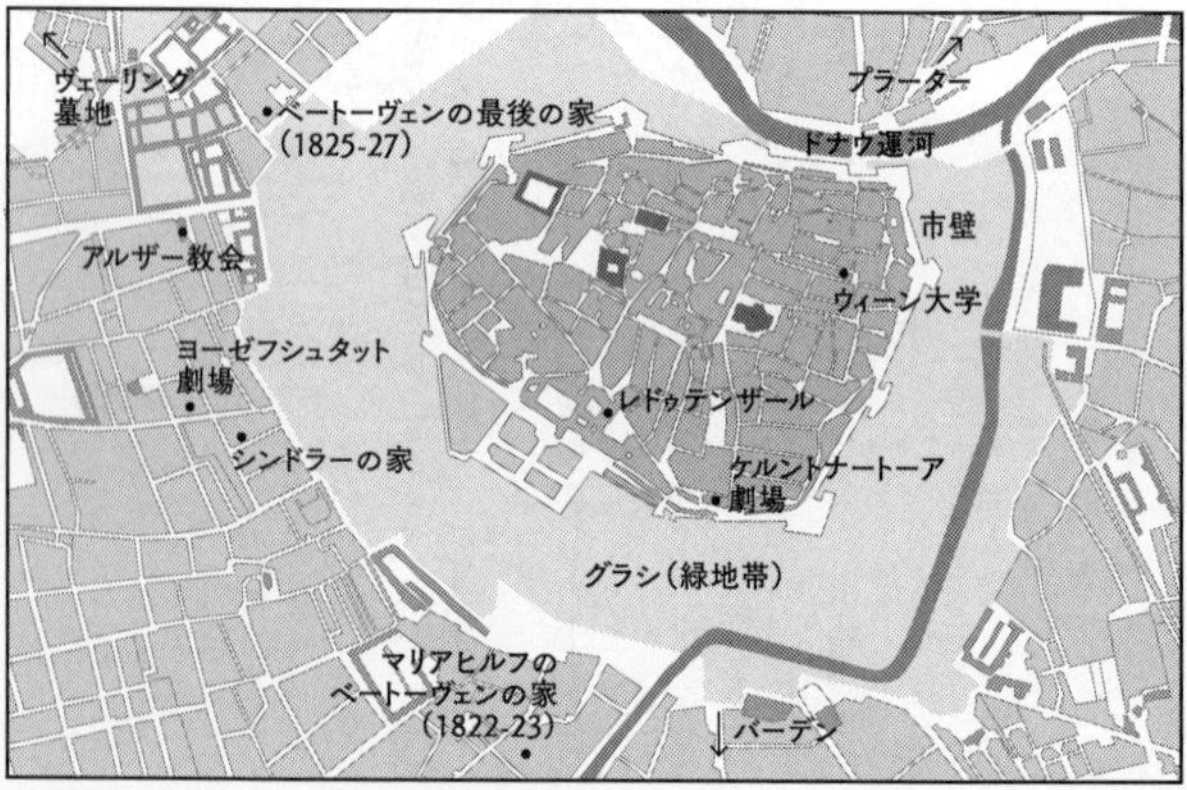

凡例

❖ベートーヴェンの会話帳（Beethovens Konversationsheft 以下「会話帳」）から引用した会話体のテキストはすべて「**カギカッコ付きの太字**」で示す。

❖「会話帳」からの引用のうち、ベートーヴェンの生前にシンドラーもしくは他の人物によって書かれた会話体のテキストは「オリジナル」、ベートーヴェンの死後にシンドラーが書き加えた会話体のテキストは「改竄《かいざん》」と称する。本書で引用する「会話帳」のテキストはすべて著者訳である。

❖文献からの引用は、必要に応じて原文に存在しないルビをほどこしている。

❖引用文中の〔　〕内の記述は著者による補足である。また、中略および後略は（…）で示す。

ベートーヴェン捏造　名プロデューサーは嘘をつく

序曲　発覚

「ベートーヴェンの生涯においてもっとも重要な事件の起きた時期に、いつも彼のそばにいて手助けできたのは、私ひとりだけである」(1)

アントン・フェリックス・シンドラー『ルートヴィヒ・ヴァン・ベートーヴェン伝』(第一版)

音楽室の肖像画の一群にまじって、その人はいる。ルートヴィヒ・ヴァン・ベートーヴェン。天を睨《にら》みつける眼。もじゃもじゃの髪。子どもを恐れさせるに足る、インパクトたっぷりの容貌。図書室に行けば、『織田信長』や『キリスト』と並んで『ベートーベン』の伝記が見つかる。耳の病の苦しみを乗り越えて『運命』や『第九』を作曲した、

とそこには書いてある。ドラマティック、かつキャラが立っている。あまりにゆるぎない「楽聖」のイメージがそこにある。

多くの人は、いまなお知らない。

そのイメージがあとかたもなく崩れ去る、とんでもない「嘘」が判明したことを。

一九七七年。

折しも、それはベートーヴェン没後百五十年のアニヴァーサリー・イヤーであった。『ワシントン・ポスト』は、四月六日付の紙面でそのニュースを報じた。

研究者ら、ベートーヴェンのノートが「捏造《ねつぞう》」かどうかをめぐって論戦となる――(2)

「論戦」の舞台となったのは、三月二十日から二十三日まで東ベルリンで開催された「国際ベートーヴェン学会」。

とき、冷戦のまっただなか。二つの陣営に国を引き裂かれた状態で迎えた「国民的作曲家ベートーヴェン」の記念年は、当時の東ドイツにとって社会主義国家の威容を

見せつけるチャンスだった。学会は莫大な国家予算を投じて企画された。会場は、マルクス・エンゲルス広場に新設されたばかりの人民議会会議場。日本でいえば国会議事堂で学会を開くようなものだ。

東ドイツの目論見《もくろみ》は当たり、学会には、日本を含む十九ヶ国から五百人もの音楽関係者が詰めかけた。同じ三月に西ドイツ・ボンで開催されたベートーヴェン記念イベントが、室内楽演奏会と市民合唱だけでお茶を濁したのと比べるとその差は大きい。ベートーヴェンをなんでもかんでもマルクス理論に結びつけるのはうんざりだね――「西側」の人びとは、そんな皮肉をささやくのが精一杯だった。

しかし、三日目の午後に行われた小さな研究発表が、この華やかな祝典の場に激震をもたらした。

壇上に立ったのはふたりの女性研究者、ダグマール・ベックとグリタ・ヘレ。いずれも、「ドイツ国立図書館版・会話帳チーム」の一員である。

「会話帳」とは、聴覚を失ったベートーヴェンが、家族や友人、仕事仲間とコミュニケーションを取るために使っていた筆談用のノートのことだ。

今日《こんにち》、残存しているのは全部で百三十九冊。うち百三十七冊がドイツ国立図書館

（現ベルリン国立図書館）の所蔵である。使用された時期は、一八一八年から一八二七年の十年弱。四十七歳から亡くなる五十六歳までだ。『ミサ・ソレムニス』や『交響曲第九番「合唱」』、ピアノ・ソナタや弦楽四重奏曲など、人生終盤の傑作群が生まれた時期でもある。手紙や日記と並んでベートーヴェン研究における重要な一次史料と見なされているが、筆談の記録というのはめったに例がない。筆記者の特定や文脈の把握が容易ではなく、十九世紀から二十世紀前半にかけて何人もの研究者がさじを投げてきた。

一九六〇年代に新たに結成された「ドイツ国立図書館版・会話帳チーム」の歩みは、それら過去の事例に比べると順調だった。戦前に図書館の音楽部門長を務めたゲオルク・シューネマンが遺《のこ》した未完の編纂《へんさん》版を基礎とし、一九七七年時点で五巻分が出版されている。全体のおおよそ半分が日の目を見たところだった。

そんなチームの一員であるふたりが、青ざめた顔で、世界じゅうから集まった研究者の前に立っている。

発表タイトルは『会話帳の伝承に関するいくつかの疑惑』。いかにも意味深長だ。ドイツ民主共和国の鎌《かま》と槌《つち》の国章の下で、彼らは重い口を開いた。われわれが編纂している会話帳のなかに、ベートーヴェンの死後、故意に言葉が書き足されている形跡

を発見した、と。

——いったい、誰が？

聴衆の脳裏をよぎったのは、二十六年前の「会話帳盗難事件」だった。事件の犯人はドイツ国立図書館の当時の音楽部門長、ヨアヒム・クリューガー＝リーボウ。対ソ連諜報機関のスパイだったこの男は、ドイツが東西に分断されてから二年後の一九五一年、会話帳をはじめとする何点かの所蔵品を盗み出して、こっそりと西ドイツに横流ししていた。彼はすでに逮捕され、盗品も図書館に返却済みだ。よもや盗難中にノートに妙な細工でも仕掛けられたか。東ドイツの研究者や政府筋の人びとは目配せしあったにちがいない。ありえない話ではない、と。

だが、次の瞬間。ベックとヘレは、まったく別の犯人の名前を口にした。

アントン・フェリックス・シンドラー。

会場中が息を呑《の》んだ。

＊

シンドラーとは、いったい何者なのか。

彼はベートーヴェンの晩年に、音楽活動や日常生活の補佐役を務めていた人物だ。一八二七年にベートーヴェンが亡くなったのち文筆活動に目覚め、一八四〇年から一八六〇年にかけて、全部で三バージョンの『ルートヴィヒ・ヴァン・ベートーヴェン伝』を書いている。

まだ、ベートーヴェンに関する読み物がほとんど存在していなかった時代だ。シンドラーの伝記は発表直後からベストセラーになった。とりわけコンパクトな第一版は、古典として世界じゅうで長く読みつがれた。日本でも一九四一年に清水政二《しみずせいじ》訳（古賀書店）、一九五四年に柿沼太郎《かきぬまたろう》訳（角川文庫）が出版され、後者は改訂版を含めると二十版以上に及ぶロングセラーとなった。

しかしこの伝記は、必ずしも評判が良いわけではなかった。

伝記というものは、おのずと書き手の性格やポリシーをあぶり出す。シンドラーの場合は、著者であると同時に、「ベートーヴェンの秘書」という伝記上の一登場人物でもあるのでなおさらだ。彼の自己描写にはどうにも誇張ぎみなところがあった。

「無給《むきゆう》の秘書」としてベートーヴェンにかいがいしく尽くす献身ぶり。あるいは、年下の友人としてストレートな進言をいとわない勇敢さと誠実さ。

その一方、ベートーヴェンの家族やほかの側近たちのことは、音楽家の人生をおびやかす俗物であるかのように悪《あ》しざまに描いている。うさんくさいと言わざるをえない。彼の言い分をほんとうに鵜呑《うの》みにしていいのだろうか。

一部の研究者は、かねてよりシンドラーに疑いの目を向けていた。精神分析学の巨匠ジークムント・フロイトの門下であるエディッタ&リヒャルト・シュテルバ夫妻は、共著『ベートーヴェンとその甥』（一九五四年刊）のなかで次のように書いている。

われわれがベートーヴェンの文献で数多く目にする、ベートーヴェンと親しかったひとたちの人物像に関する不正確な記述は、総じて彼〔シンドラー〕の影響である。彼は客観性に欠けており、伝記作家としてまったく不適当な人物だった。（3）

そもそも会話帳についていえば、シンドラーには「前科」があった。彼は晩年、アメリカ人伝記作家アレクサンダー・ウィーロック・セイヤーの取材に応じ、かつて会話帳の一部を破棄したと告白している。シンドラーいわく、会話帳はもともと「四

百」くらいの数が存在していた。だがベートーヴェンが亡くなったあと、彼は、価値がないと判断したノートを大量に捨ててしまったという。
事実なのだとしたら、それだけでも非難に値する。
しかし、いま、ふたりの研究者が暴露しようとしている事件はそれよりもはるかに罪が重い。重要な史料の上にあとから言葉を書き加えることで、ありもしない出来事をでっちあげたのだから。

それにしても、シンドラーはなぜ会話帳の改竄に手を染めたのだろう。公文書の書き換えであろうと、科学実験のでっちあげであろうと、真相究明のためには「犯人」の動機を知る必要がある。「会話帳チーム」のリーダーであるカール・ハインツ・ケーラーは、同年の十一月にデトロイトで開催された学会でこんな推測を述べた。

「自分自身を、ベートーヴェンの特別な友人として強くイメージづけるためだろう」

従来のシンドラー観に準じた見解といえる。さらにケーラーは付け加えた。「会話帳は、決して全面的に汚染されているわけではない」「シンドラーの手が加えられた

のは、百三十八冊のうちの百五十箇所に過ぎないのだから」（4）

ケーラーはなぜ事態を矮小化させる発言を行ったのか。それには理由がある。三月の学会発表以降、この事件は、発表者の予想以上に世間で騒がれてしまっていた。ワシントン・ポスト紙だけにとどまらず、新聞から学術雑誌まで世界じゅうのメディアが、この事件をセンセーショナルに書きたてた。日本でも音楽評論家の吉田《よしだ》秀和《ひでかず》が、五月十九日付の朝日新聞夕刊でこの事件を大きく取り上げ、シンドラーの動機を分析している。

自分〔シンドラー〕こそはこの世間知らずの癇癪《かんしゃく》持ちの上に、耳の病とよる年波とですっかり猜疑心《さいぎしん》が強くなり、ますます孤立していく音楽家に対し、親身になって彼のことを考えてやっている唯一の友だったという印象を人びとに残したかったのだろう。（5）

彼ら「会話帳チーム」の研究能力を疑う声までも噴出した。ベックとヘレの発表後のディスカッションの場では、イギリスの音楽研究家アラン・タイソンが厳しい意見を投げかけた。

「シンドラーによる会話帳の改竄は、シュタドレンによってすでに指摘されているはずだ」(6)

タイソンが言うとおり、オーストリアの音楽批評家ペーター・シュタドレンは、学会から六年前の一九七一年にBBCラジオでシンドラーの捏造疑惑に言及していた。西ドイツのベートーヴェンハウス・ボンの所長、ヨーゼフ・シュミッドゲルクも、ワシントン・ポスト紙からの取材にこう答えた。「シンドラーが『弁明じみた追記』をやっていることはずいぶん前からわかっていた」(7)

十年も編纂プロジェクトに携わりながら、気づかなかった東ドイツの連中はとんだ間抜けだ。そんな皮肉も感じさせる発言だ。いまや「会話帳改竄事件」は東西世界の代理戦争の様相を呈していた。

学会から二年後の一九七九年、「会話帳チーム」は、シンドラーによって行われた全改竄箇所のリストを公開した。会話帳全百三十九冊のうち六十四冊分、二百四十六ページ。予想を超える改竄の全容を目《ま》の当たりにして、研究者たちはあらためてショックを受けた。

――これも、これも、これも、捏造だったというのか?

それらの多くは、これまで、研究者や伝記作家らが重要な史実の証拠として引用してきた箇所だった。

たとえば、『交響曲第九番「合唱」』の初演準備の経緯。『悲愴ソナタ』をはじめとする、数々の音楽作品のテンポをめぐる議論。『交響曲第八番』の第二楽章が、メトロノームの発明者・メルツェルに贈った『タタタ・カノン』をもとに作曲されたという創作秘話。のちに「ピアノの魔術師」の異名で知られることになる少年フランツ・リストとベートーヴェンとの対面をめぐる交渉。

それだけではない。

シンドラーが「平気で嘘をつく男」であることが、疑惑から事実となったいま、会話帳上の改竄のあるなしにかかわらず、彼の証言のすべてをいまいちど徹底して疑わねばならなくなった。

たとえばベートーヴェンが、『交響曲第五番』の「ジャジャジャジャーン」というモチーフについて「このように運命が扉を叩くのだ」と述べたというエピソード。あるいは『ピアノ・ソナタ第十七番』について「シェイクスピアの『テンペスト』

を読みたまえ」と忠言したというエピソード。

これらのあまりに有名な伝説は、シンドラーの『ベートーヴェン伝』によって最初に報告され、その後、爆発的に世に広まった。他にソースとなる史料はない。

もちろん、シンドラーが実際にベートーヴェンからこれらの話を聞いた可能性はゼロではない。だが、シンドラーの改竄行為が明らかになった以上、こうした証言を頭から信じることは不可能になってしまった。

それはベートーヴェン像の崩壊に等しかった。

＊

これまでは、多少の疑いの目は向けられつつも、ベートーヴェンの身辺を知る重要な証言者とされていた男。

彼はいまや、百年以上にわたって人びとをだまし続けた「音楽史上最悪のペテン師」の烙印《らくいん》を押されるに至った。

後世に伝わるシンドラーの写真が、一枚だけある。おそらく死の数年前、六十代の頃に撮影されたものだ。彼は柱の前に立ち、胸をぐいと反《そ》らし、真っ黒なロング・コ

ートに片手を突っ込んでいる。かつてはそれなりにいかめしく見えた姿も、すべてが明るみに出たいまとなっては、ただの張り子の虎だ。額を斜めに覆ったつやつやした髪も、鷲鼻《わしばな》の上に乗った丸眼鏡も、どこか喜劇じみたものに見えてくる。

こんな顔つきで人を平然とだましていたとは、なんと悪どいやつめ。多くの研究者や文筆家が、猛然と怒りをぶつけた。かねてからシンドラーの秘書としての行状を揶揄《やゆ》していたある研究者は、学会の報を受けてこう書いた。「あの奴めはそんなことまでやっていたのか」(8)以後、多くの識者がそれに追随する非難の声をあげた。「とんだ食わせ者」(9)「虚言癖《きよげんへき》」(10)ベートーヴェンの女性関係をめぐる研究で世界的に知られる青木やよひは、シンドラーの精神性をこう断罪する。「すべては、自分が敬愛する人から信頼されることも愛されることも叶わなかった人間が抱いた、熾烈《しれつ》な嫉妬《しっと》から発したもの」(11)

罪を憎んで、人も憎む。それが、一九七七年のXデーから今日に至るまでの「会話帳改竄事件」と、その犯人シンドラーに対する人びとの基本姿勢だった。

しかし、ここで、あえて投げかけたい疑問がある。

シンドラーが行った改竄の数々を、彼自身の自己顕示欲や嫉妬の産物として十把一《じっぱひと》

絡《から》げに片付けてしまっていいのだろうか。

本来ならば、より詳細にひとつひとつの嘘を点検し、彼の動機を慎重に見極《みきわ》めるべきなのではないだろうか。

というのも、彼が行った故意の加筆には、よくよく見ると個人的な動機とは考えにくいものも含まれているからだ。

たとえばシンドラーは、会話帳に新たなセリフを書き入れるにとどまらず、自分以外の人が書いたよからぬ書き込みを墨塗りし、事実を隠蔽《いんぺい》したりもしている。

「私の妻と寝ませんか？　冷えますからねえ」（12）

一八二〇年一月にベートーヴェンの友人ヨーゼフ・カール・ベルナルトが書きつけたこの言葉には、上から強くこすって判読を妨げようとした痕跡がある。シンドラーがやった可能性が高い。ベートーヴェン研究者の山根《やまね》銀二《ぎんじ》はこのセリフを「ちょっと変な意味にもとれそうだが」（13）と濁し、フランスの文豪ロマン・ロランは「笑い話」（14）とみなしているが、ベートーヴェン研究者のメイナード・ソロモンは「性的な贈り物」（15）の話であると明言している。つまり大胆に訳せば、ベートーヴェンの友人は「俺の嫁とヤりたいなら貸すけど？」くらいのことを言っている（しかもソロモン

の解釈によれば、ベートーヴェンはこのあと本当に友人の妻を〝借りて〟いる)。

この手の不健全なネタを隠そうとしたのはなにもシンドラーばかりではない。ベートーヴェンと並ぶ十八世紀生まれの天才音楽家モーツァルトの伝記を著したゲオルク・ニコラウス・フォン・ニッセンも、ほとんど同じことをやっている。ニッセンは、モーツァルトの妻コンスタンツェの再婚相手だ。死後も名声が高まる身内の伝記を書くにあたって故人のイメージを損ねる証拠を消すのは、身辺者としてやむを得ない措置だったのだろう。実直な外交官のニッセンにとって、モーツァルトの下ネタ混じりの手紙を隠蔽するのは、いまや自分の妻となった女性の名誉を守るためでもあった。

では、シンドラーの場合は何を守ろうとしたのか。その謎のヒントは、ベートーヴェンの死後に自宅で発見された有名な書簡「不滅の恋人への手紙」にある。まぎれもなくベートーヴェン自身の真筆《しんぴつ》ではあるものの、宛先が書かれておらず、また、実際に出されたのかどうかもわからないというミステリアスなラブレターだ。シンドラーは、自著の『ベートーヴェン伝』でこれを大々的に公表した上に、宛先はジュリエッタ・グイチャルディであると断言した。ベートーヴェンがかつて交際していたうら若き女弟子だ。

シンドラーは、ラブレターの宛先がジュリエッタだと本当に確信していたのだろうか？　おそらくそうではない。ラブレターが書かれた時期を彼は一八〇六年であると

考えていたが（のちに一八一二年だと判明）、ジュリエッタはその何年も前にベートーヴェンと別れ、一八〇三年にはガレンベルク伯爵と結婚してナポリに移住していた。そもそも、シンドラーがベートーヴェンの秘書になったのは一八二二年秋以降なので、それより前の恋愛模様など知るよしもない。確信のないままジュリエッタ説をぶち上げたと考えるのが妥当だろう。故人の情熱的な一面がうかがえる秘蔵のラブレターは公表したい。ただし、その宛先が尻軽な友人の妻だと思われたりしたら困る。あくまでもお相手は清純なヒロインでなければ。うむむと悩んだ末にひらめいたのが、妙齢で、身元もしっかりした貴族令嬢のジュリエッタを引っ張り出すことだった。

ひとりの女性を一途《いちず》に愛する主人公としてベートーヴェンを演出したいがために、いかがわしい会話帳の一節を抹消し、かつ、伝記上で架空のラブストーリーをでっちあげる。それが「不滅の恋人」をめぐるシンドラーの真の目的だった。そんな風に考えられないだろうか。

＊

ひとつだけ確かなことがある。

嘘の陰には、何らかの形で真実の尻尾《しっぽ》がのぞいている。

「真実」という言葉がうさんくさければ、「現実」と言い換えてもいい。

シンドラーにとって、嘘とは、ベートーヴェンに関するあらゆる「現実」を「理想」に変えるための魔法だった。悪友どもと繰り広げたお下品なやりとりは抹消して、純愛ドラマで塗りつぶしてしまう。内情は決して見せてはいけない。それがシンドラーの秘めたるポリシーだったと考えられないだろうか。

裏を返せば、このアントン・フェリックス・シンドラーという男は、ベートーヴェンの本性《ほんしょう》をたしかに目撃していた。丸眼鏡の奥にひそむ一対の瞳で。真っ黒なロング・コートを舞台幕のように上げ下げして、彼はベートーヴェンの本性を衆目から隠そうとした。見るに堪《た》えないものを見るのは自分ただひとりでいい。そう思っていたのかもしれない。傲慢な考えではある。ベートーヴェンが遺したものを捨てたり加工したりする権利がおまえにあるのか、と責めたくもなるだろう。しかし、シンドラーは現代的な意味での音楽研究者、あるいは歴史研究者ではなかった。遺品を「一次史料」として取り扱わなければならない理由は彼にない。シンドラーがベートーヴェンに対して抱いていた使命感は、「正確に実像を伝える」という学問的なポリシーとは根本的に別のものだった。

もし、シンドラーが覆い隠した真のベートーヴェンを知りたいと望むならば、私たちがすべきなのは彼の存在を葬《ほうむ》り去ることではない。シンドラーに限りなく接近し、

彼のまなざしに憑依《ひょうい》して、ロング・コートの裏側の「現実」に視線を遣《や》ってみることだ。今日における有名人のゴシップやスキャンダル、あるいはインターネット上の炎上事件と同様、犯人を遠巻きに非難したり、嘲笑したりするだけでは決して見ることのできない光景が、そこには広がっているはずだ。

世を騒がせた人物は、往々《おうおう》にしてジャーナリストや作家の筆でその半生や行状を描写される。ときに時代や人間の精神を象徴する存在として扱われることもある。しかし、アントン・フェリックス・シンドラーについてそのような動きは今のところ見られない。伝記を書いたことと、捏造を行ったこと。大きな社会的影響を及ぼしたこの犯人について、それ以外に知られていることはあまりに少ない。たとえば、その生い立ちについて。学生時代について。ベートーヴェンとの関係について。ベートーヴェン亡きあと、犯行に至るまでの経緯について。罪を犯したあと、どうやってそれを隠し通し、百年以上にわたって人をだまし続けたかについて。そして、その真の動機について。

この本が実現したいのは、それらすべてを彼自身のまなざしを通して明るみに出そうという、非常に物好きな試みである。

第一幕　現実

第一場　世界のどこにでもある片田舎

「あなたはオーストリアのみならず、ヨーロッパの高貴なる存在なのです」（1）

『ベートーヴェンの会話帳』より、アントン・フェリックス・シンドラーによるオリジナルの書き込み

世界のどこにでもある片田舎に生まれて

アントン・フェリックス・シンドラーは一七九五年六月十三日、モラヴィア、オルミュッツ州（チェコ語ではオロモウツ州）のメードル（同メドロフ）で生まれた。といっても、すぐにピンとくる人は少ないだろう。モラヴィアは、今日でいうチェコの東部にあたる地域だ。その中央から北西の一帯がオルミュッツ州。メードルは、

オルミュッツ州に属する村の名前である。シンドラーが生まれた当時の人口は約千人。二〇一八年現在は約千六百人なので、二百年を経ても規模感はさほど変わらない。車で迷い込んだとしてもそのまま素通りしてしまいそうな集落だ。大きな川も、湖も、山もない。駅もない。十六世紀に建てられたゴシック様式の教会をのぞけば、目立った史跡もない。庭付きの民家ののどかな並びは、平地の畑の中に忽然《こつぜん》と現れて、ものの数分で背後に消え去っていく。

目ざとい人であれば、集落の一角にある小さな役場の前でブレーキを踏むかもしれない。国道側の外壁に、こんな記念プレートが掲げられているのだ。

アントン・フェリックス・シンドラー――初のルートヴィヒ・ヴァン・ベートーヴェン伝の著者であり、親友、ヴァイオリニスト、指揮者、そして作家。(2)

このプレートが設置されたのは二〇〇一年。村の創立八百七十年を祝してのことだという。二〇〇一年といえば「会話帳改竄《かいざん》事件」が発覚してからすでに二十年以上が経《た》った頃だ。世界の音楽界に衝撃を与えたスキャンダルを、メードルの人びとはどのように受け止めたのだろう。

ともあれシンドラーは、この東欧の小さな村出身のほとんど唯一の有名文化人なの

だ。彼がこの地に生まれ育ったのはまぎれもない事実だ。嘘つき男も、さすがに自分の出生地についてあらぬ工作はしない。

――といいたいところだが、ひとつ触れておきたい嘘がある。

シンドラーが「会話帳」にほどこした改竄の一節だ。

「私はおともしてオルミュッツに行くことを決意いたしましょう。両親を訪ねる機会にもなりますし」(3)

シンドラーが行った改竄のほとんどは、会話帳の余白の部分に自分のセリフを書き足すというやりかたを採っている。ベートーヴェンに向かって当時の自分が語りかけている体《てい》でおしゃべりの一片を挿入しているのだ。他人のセリフを書き込もうとすると筆跡からバレてしまう可能性が高いが、自分自身のセリフの場合はそのリスクが少ない。改竄方法としてはもっとも無難だ。

さて、シンドラーが言っている「おとも」というのは、ベートーヴェンのパトロンかつ弟子であるルドルフ大公の旅に同行するという意味だ。大公は一八二〇年にウィーンを離れ、偶然にもシンドラーの故郷オルミュッツに大司教および枢機卿《すうききょう》として就

任した。

　就任式には完成が間に合わなかったものの、ベートーヴェンは、彼の代表作のひとつである宗教曲『ミサ・ソレムニス』を捧げて、ルドルフ大公の前途を祝福している。シンドラーはこの重要な出来事に一枚噛んで、ひとつ嘘をでっちあげようと考えたらしい。架空のセリフを書き込んで、していない「おとも」をしたかのように見せかけた。

　なお、この箇所には奇妙な点がある。書き換えられたセリフの上に、さらにぐしゃぐしゃと鉛筆で乱暴に線を描いた形跡があるのだ。この理由を解明するカギは会話帳の使用時期にある。改竄の餌食となったのは一八二〇年四月に使われていた会話帳。一方、ルドルフ大公の就任式は五月九日。オルミュッツへの長旅のおともを決意するには、いささか遅いタイミングだ。改竄を行ったあとでその不自然さに思い至り、慌てて書き込みを消しにかかったが、処理が甘かったか、もしくは完全に塗りつぶすのも不自然と居直ったかで、中途半端な状態になってしまった。そんな可能性が高そうだ。

　いずれにせよ、シンドラーは「おとも」という嘘をあきらめたわけではなかった。続く五月の会話帳に、

「すべてはうまくいきました、オルミュッツから書き送った手紙のとおり、大公はとてもお喜びでした」（4）

というセリフを書き込んでいる。なんとしてでもルドルフ大公のオルミュッツ行きに自分を同行させたかったようだ。

だが、実際にはシンドラーは一八二〇年にオルミュッツに帰っていないし、両親を訪ねてもいない。それどころではない。エドゥアルド・ヒューファーが著したシンドラーの伝記によれば、十八歳でこの地を去って以来、彼が故郷に帰ったのは三十六歳の年、一八三一年のただ一度きりだ。

さらに嘘がもうひとつある。

「両親」とはいうが、彼の実の母親はこの頃とっくに亡くなっているのだ。

嘘つきに幼少期のトラウマがあるとは限らない

シンドラーは小村メードルの教師の家の長男坊として生まれた。

実の母親のスザンナは、彼と弟のヒラリウス、そしておそらく何人かの妹を産んだ

のち、早くに亡くなった。その後、父は二番目の妻を迎え、何人かの異母妹が生まれた。この家からはシンドラーを含む十二人の子どもが出生したことが、村の記録からわかっている。

子だくさんは当時まったく珍しくない。しかし、父の後妻とその子どもたちに囲まれた暮らしとなれば少々訳ありで、あれこれ悪い想像をしてみたくなる。天性の嘘つきを生んだのは特異な生いたちだった！　そういう話にしてしまえばたやすい。

だが、継母にいじめられていたとか、弟妹らと打ちとけずに引きこもっていたとか、あるいはクラスメイトの石板を盗んだとか、庭の裏手で小動物を殺していたとか、そんな手っ取り早いエピソードは、彼の幼少時代に何ひとつ見当たらない。継母との関係ははっきりしないものの、兄弟仲はきわめて良好だった。唯一の男兄弟のヒラリウスとは、終生、仕事や日常の些事（さじ）について手紙を交わす仲だった。妹のひとりのマリーは兄と同じく音楽を志し、のちにベルリンの劇場で活躍するほどの立派な歌手になった。この妹とシンドラーは特に仲が良く、ウィーンとハンガリーのペスト（ブダペストのペスト地区）で住まいを共にしていた時期もあった。どうやらそれなりに慕われた兄貴だったのだ。

そうなると気になるのは実の父親との関係だが、ここにもとりたてて確執（かくしつ）の跡はな

い。アントン少年は一家の長男として大切に育てられた。彼は幼いときからかなりの秀才だった。父は、息子を小さな村にとどめておいてはもったいないと考え、思い切ってオルミュッツの都市部に送り出した。入学したギムナジウム（中等教育機関）でも成績は優秀で、五十フロリンの奨学金を生活の足しにしながら、学業にますます精を出した。

父からすれば、自分が培《つちか》ってきた知の資産を長男に託せたのがうれしかっただろう。シンドラーの父ヨーゼフは一七五八年にモラヴィアで生まれ、十八歳で教師になった。いくつかの町村での教職を経てメードルに赴任し、名教師として村民から尊敬を集めた。いわば村一番のインテリだ。メードルの学校には、ヨーゼフが書き残した数々の学習教材や読み物が、彼のリタイア後も長らく大事に保管されていたという。

なおモラヴィアは、この時代には広大なハプスブルク領の一部であり、現在のオーストリアと実質的に同じ国に属していた。近現代のチェコというと民族復興や独立運動といったイメージがあるが、そうした機運が高まるのは半世紀ほど先になる。ハプスブルクの統治下において基礎教育はドイツ語で行われており、特にシンドラーが生まれた地域はドイツ系住民の居住率が高かった。したがって東欧人としてのアイデン

ティティは、彼とはまったく無縁だった。

シンドラーが物心ついた十九世紀初頭は、ヨーロッパ全土を揺るがすナポレオン戦争のまっただ中。おそらく彼も、兄弟やクラスメイトとナポレオン戦争ごっこをして遊ぶ少年時代を過ごしただろうが、それが国や民族といった意識の目覚めに大きな影響をもたらしたとは考えにくい。「自分はどうやらドイツ語圏の一部にいるらしい」というのが、ある種の想像力の限界というか、少年のぼんやりとした世界認識だったのではないだろうか。とにかくここが田舎であることだけは間違いない。おら都会さ行きたい！　都会には、劇場もある、カフェもある、大学もある。おらもキラキラしたいんじゃ！　古今東西の田舎生まれの若者すべてに共通した憧れだ。シンドラーの場合は、そこにもうひとつ大きな夢がぶらさがっていた。都会には「音楽」がある！

「音楽で食えるのか？」問題

父ヨーゼフは趣味としてヴァイオリンを嗜《たしな》んでいた。教職のかたわら楽譜の校正に携わっていた時期もあり、ひととおりの音楽の知識は備えていた。そういうわけでアントン少年は、父から、学問に加えてヴァイオリンの手ほどきも受けた。

彼は、たちまち音楽に夢中になった。十歳の頃には地元の聖歌隊に参加し、ギムナ

ジウムに入った後は、オルミュッツにある聖モーリッツ教会付属の伝統ある合唱団のメンバーになった。十七歳の年に、ベルンハルト・ロンベルクという有名なチェリストが演奏旅行でこの地を訪れたときには、第二ヴァイオリンの一員としてオーケストラに参加している。

こうした課外活動の中で、アントン少年は、ベートーヴェンの音楽ともめぐり合う。シンドラーの少年時代にあたる一八〇〇年から一八一〇年代初頭といえば、ベートーヴェンは三十代。聴覚の悪化に悩まされつつも、作曲の筆は絶好調で、音楽の都ウィーンを代表する音楽家になっていた。『交響曲第九番「合唱」』こそまだ書かれていないものの、交響曲『英雄』『運命』『田園』、ピアノソナタ『悲愴』『月光』『熱情』、ヴァイオリン・ソナタ『春』『クロイツェル』など、今日でも有名なレパートリーが次々と発表され、オルミュッツにも出版譜が流れ着きはじめていた。「オルミュッツのギムナジウムで学んでいた頃、私は彼〔ベートーヴェン〕の作品をすべて聴き、また自分でも演奏した」(5)と、シンドラーはのちに回想している。

すべて聴いたというのは少々あやしいにせよ、ベートーヴェンの野心的な音楽は、多感な時期の少年に大きな影響を与えたにちがいない。ギムナジウムの後期課程で哲学を専攻したシンドラーだったが、彼にとってのベートーヴェンは「カントや、カントのすべての書物を上回るほどに憧れを抱いていた人」(6)だったという。

しかし意外なことにアントン少年は、自分も音楽家になりたい！　とはついぞ言い出さなかった。ひとまずは、賢明な判断といえるだろう。「音楽で食えると思ってるのか！」という、人類の親が有史以来放ってきたお決まりのセリフで叩きのめされるのがオチだ。

＊

ただし、当時と現代とでは「音楽で食う」の意味合いが多少異なる。十八世紀生まれの子どもが放つ「音楽家になりたい！」は、現代の子どもが口にする、アイドルになりたい、声優になりたい、ＹｏｕＴｕｂｅｒになりたいという山師的な夢とは別物だった。というのも、音楽家という仕事は長らく世襲の職業と見なされていたからだ。たとえばヨハン・セバスチャン・バッハ。ヴォルフガング・アマデウス・モーツァルト。そしてルートヴィヒ・ヴァン・ベートーヴェン。彼らはみな、音楽家一族の出身だ。宮廷にお仕えしてサラリーをもらい、老いればその役目を子に託すという、先祖代々の「御用楽士」の家系である。

もちろん例外はあり、それが彼らの時代における悲喜こもごもの伝記ドラマを形作っている。バッハはより良い条件の雇い先を求めて各地を転々としたし、モーツァルル

トは自由を求めて雇い主であるザルツブルクの大司教から逃げ出した。古典派の大家フランツ・ヨーゼフ・ハイドンのように、音楽家の血筋でないにもかかわらず大成した人物もいないわけではないが、彼の場合も、遠戚にコネクションがあった。

ベートーヴェンもまた「例外」のひとりだ。彼は、祖父の代から続くボンの宮廷音楽家一族の出身である。ただし宮廷に仕えたのは青年時代までだ。ベートーヴェン十九歳の年、フランス革命が起きる。隣国の革命はやがて国境を越えて、当時神聖ローマ帝国に属していたライン川領域の一帯を占拠。彼を生み育てたケルン選帝侯の宮廷を破壊してしまった。音楽家の世襲制時代の終わりを象徴する出来事だ。折しも革命の直後にウィーンに居を移したベートーヴェンは、貴族からの手当に頼りつつ、出版や興行といった新たな収入源を開拓していた。雇われからフリーランスへのジョブチェンジだ。

だがそうした挑戦もようやく始まったばかり。楽譜は流通するようになっても、生き方はそうそうすぐには伝わらない。血筋もコネもない片田舎の少年には「音楽で食う」のは夢のまた夢だった。

では、ギムナジウムの優等生にとっての現実的な夢とは何か?

大学進学だ。音楽とは異なり学問の方は、女帝マリア・テレジアやその息子ヨーゼフ二世の教育改革によって、すでに庶民にも道がひらけている。ぶじ卒業すればエリ

ートの道が待っている。地元の小役人に甘んじてたまるものか。シンドラー自身にも親にもそれくらいの野望はあっただろう。

ギムナジウム卒業後の進路として、シンドラーはウィーン大学の法学部を選択した。日本でいえば東京大学の文科一類である。いかにも秀才にふさわしいキャリア官僚養成コースだ。もちろん音楽の都に行くからには、講義の合間に演奏会に足を運んでやろうとか、もしかしたら憧れのベートーヴェンに道でばったり出くわすかもとか、それなりの下心はあったかもしれないが、父親もさして心配はしなかった。なにせ、歳の割にのっぽの、優秀ではあるが快活であるとは言いがたい、無口で仏頂面《ぶっちょうづら》のこの息子は、ギムナジウムでも勉強と音楽を両立させ、模範生として過ごしていたのだ。いったいどうして問題など起きるだろうか？

誰も疑ってはいなかった。シンドラー本人すら疑っていなかった。十八歳になった年の秋、父と継母と弟妹たちに見送られ、旅行鞄《かばん》と、ギムナジウムの修了証と、一挺《いっちょう》のヴァイオリンを携え、ウィーン行きの長距離馬車に乗り込んだときには。誰も知らなかった。何も知らなかった。一八一三年という年にウィーンに向かうことが、何を意味するかを。その直後、ウィーンで何が起きるかを。

第二場　会議は踊る、されど捕まる

「この新しい革命のもっとも忌《い》むべき傾向は、エゴイズムが悪しき形で、もしくはあまりに露骨な形で示されることです」(1)

『ベートーヴェンの会話帳』より、学校長ヨーゼフ・ブレヒリンガーによるオリジナルの書き込み

大学新入生の受難

田舎あがりの大学の新入生には危険と誘惑がつきものだ。都会の華やぎ。親元から離れての慣れない暮らし。喧騒と孤独。理想と現実のギャップ。その隙を巧みに狙ってくる、いかがわしいサークルやカルト宗教の勧誘。

シンドラーも、ウィーン大学に入ってまもなくその手の罠にまんまとハマってしまった。

すべてが終わり、我に返ったときにはもう手遅れだった。大変なことをしでかしてしまった。親の期待も、優等生の肩書きも、キャリアの夢も、ぜんぶ無に帰した。すでに青年と呼べる歳ではなくなってしまったのに、学歴もない、職もない。エリート予備軍から底辺へ。俺の人生、どうしよう。

はたしてこの受難を避ける方法はあっただろうか。たぶん、なかった。音楽に触れていたらやがてベートーヴェンの作品に出会うのと同じことで、ウィーンに来たらすべてを失うのはある種の時代の必然だった。

ナポレオン戦争が引き起こした暴力と狂騒のエネルギーが、無防備な十八歳の一学生めがけて襲いかかってくる。

一八一三年とは、そういう時代だった。

＊

シンドラーがオルミュッツからウィーンにやってきた頃。

ナポレオン戦争は終局を迎えつつあった。

ベートーヴェンの故郷の宮廷を滅ぼしたあとも進軍を続けたフランス軍は、名将ナポレオン・ボナパルトの手腕によりヨーロッパ全土を掌中におさめる目前にまで至った。ところが、一八一二年のロシア遠征で予想外の敗北。形勢が大きく変わりはじめた。

シンドラーがウィーン大学に入学した一八一三年秋には、ナポレオン戦争中の最大規模の会戦である「ライプツィヒの戦い」が勃発。これは、ドイツの人びとにとって、国の一員としての自覚を呼びさます象徴的な戦争となった。

「ドイツ人」ではなく「ドイツの人びと」という曖昧《あいまい》な言葉を使ったのには理由がある。現代でいう「ドイツ」という国は、当時まだ存在していなかった。ドイツ語圏は、小さな領邦《りょうほう》（君主が支配する自治区）が無数にひしめくヨーロッパ中東部の一帯であり、統一されたひとつの国家ではなかった。それらの領邦の盟主である「神聖ローマ帝国」も、国家というより寄合《よりあい》という方が実態に近く、かつ、ナポレオンの侵略によって一八〇六年に解体している。ドイツとは、ここからここまでという国境線を有する実体ではなく、人びとの頭のなかにぼんやりとある観念的な存在だった。

逆説的ではあるが、もしフランスの侵略がなかったとしたら、ドイツの人びとの胸に強い祖国愛が生まれることはなかっただろう。敵国に数々の領邦を次々と占領され、育《はぐく》んできた文化や経済を破壊され、それらを奪い返さねばならなくなったときに、は

じめてドイツ語圏一帯を共通の祖国としてとらえる感覚が芽生えてきた。このような新しい「愛国主義」のとりこになったのは、物心ついた頃にはすでに戦争の世の中だったシンドラー世代の若者たちだった。

彼らの祖国愛に火がついたきっかけのひとつは、一八一三年の春先に実施された「リュッツォウ義勇《ぎゆう》部隊」の志願兵募集だった。ライプツィヒの戦いほか一連の解放戦争への参戦を目的とし、ドイツへの忠誠心を高らかにうたうこの部隊は、青年の憧れのまとになった。なにしろ、見てくれがカッコ良い。軍服は黒地を基調とし、赤い襟に金色のボタン。ドイツ国旗の三色カラー（黒・赤・金）のモデルになったという説もある。「黒の猟兵」という男子のハートをくすぐる名前で呼ばれ、手柄を立てればたちまちヒーロー扱いだ。

シンドラーより二歳年下のウィーン生まれの音楽家フランツ・シューベルトや、彼の仲間たちも、この愛国ムードに酔いしれていた。シューベルトの友人である詩人のテオドール・ケルナーは、実際に義勇部隊に志願して命を落としている。シューベルトはのちに、その死を悼《いた》んで、彼の詩に曲をつけた。内気で純情な眼鏡青年というパブリック・イメージがあるシューベルトも、当時はバリバリの愛国主義者だったのだ。

僕はわが祖国の国境も見つめる、
そこは生命が優しく挨拶をしてくれたところ、
そこは愛の神聖なる憧れが
僕を燃えるようにとらえてくれたところ。

『リーゼンコッペの頂上で』（2）

ウィーン大学当局は、若者がこぞって戦争に行ってしまっても困るのでだんまりを決め込んでいた。当の学生たちはむろんそうはいかない。講義をサボり、新聞を囲んで、昼夜を問わずに戦局談義に明け暮れる。

街に残留した若者たちの間で流行ったのは、中世ドイツ風ファッションだ。入道雲のようにもくもくとふくらんだベレー帽。白い三角の大きな襟に、黒の長くぴったりとしたコート。ぼさぼさの髪と無精髭。胴を覆う太いベルト。そんなコスプレ・スタイルでわいわい歩き回るのがブームだった。

シンドラーは入学後まもなく、あっという間にそうした愛国のカルチャーに染まってしまった。父さんやギムナジウムの先生は教えてくれなかったけど、俺は「ドイツ人」だったんだ！　降って湧いたような祖国愛を胸に深く刻んで、青年は学生生活最初の半年間を過ごした。

天地がひっくり返るような日々だった。一八一三年十月十九日、ライプツィヒの戦いで連合軍がフランス軍に勝利。年明けて間もなく、連合軍がパリに進軍。四月六日、フランス皇帝ナポレオンが退位し、エルバ島に流刑。毎日が壮大な歴史ドラマだ。勉強なんかしてる場合じゃない。

しかも、事態はそれだけでは終わらない。戦争が終結して間もなく、空前の大イベントがウィーンにやってきたのだ。

歴史に名高い、ウィーン会議である。

会議は踊る、されど捕まる

わずか一年前、シンドラーを乗せたモラヴィアからの長距離馬車が通過した市門。いまやそこには世界じゅうから怒濤《どとう》のように馬車が押し寄せ、街道は身動きが取れないほどの大渋滞になった。

ロシア皇帝アレクサンドル一世やプロイセン王フリードリヒ・ヴィルヘルム三世をはじめとした、六十四にものぼる国々や地域のトップの面々。スクープを狙うジャーナリスト。芝居や音楽の興行主。演奏家やダンサーたち。さらには、詐欺師、泥棒、高級娼婦。会議のおこぼれにあずかりたいありとあらゆる人びとが、市壁の内側にも

ぐりこもうと門の前で待ちわびている。

ウィーンの街は、これらの有象無象の人びとをきらびやかな装いで出迎えた。ホテル、ダンスホール、劇場、レストラン、仕立屋に帽子屋。どんな客商売にもビジネスチャンスが待っている。

学生も、期待に胸ふくらませて「ウィーン会議」の開始を待ちわびていた。ヨーロッパ各国の統率者が一堂に会し、ナポレオン戦争でめちゃくちゃになった国境を再編成する調停の場、それがウィーン会議だ。ドイツは一丸となってフランスと戦い、そして勝った。この会議が終わったあかつきには祖国統一が達成されるだろう。みながそう信じていた。

会議がはじまって間もない十一月には、ベートーヴェンが、王宮内の大レドゥテンザールで演奏会を催した。演奏されたのは新作のカンタータ『栄光の瞬間』。歌詞はウィーン市からの依頼に基づき、医師であり詩人のアロイス・ヴァイゼンバッハが手がけた。会議の参加国とその王たちが次々と登場するゴージャスな合唱曲だ。

　雲の腰掛けに足を置いている英雄は
　古きコーカサスや
　北極海からメメル川に至るまで

祝福の手を広げ
自分の領地を失った
シュプレー河の堤にたたずむ支配者は
この王国を蘇らせる
遠きベルト海峡の王は
彼の両親の家と王位を保有する
その領土と盾形紋章が
力と善意の象徴であるヴィッテルスバッハ家の主
そしてまた、冠を戴くものは
バーベンベルクの力をふるい、ドイツに楽園を築く(3)

あの憧れのベートーヴェンも、ウィーン会議を讃《たた》えている！　シンドラーもますます気分が高揚したにちがいない。

ところがどうも雲行きがあやしい。会議スタートから数ヶ月が経っても、ろくに議論が進んでいる気配がない。聞こえてくるのはワルツの旋律ばかり。「会議は踊る、されど進まず」という辛口評まで出回る始末だ。会議の仕掛人であるオーストリアの敏腕外務大臣、クレメンス・メッテルニヒは何をしているのだろう。

もしや俺たちは騙されていたのか？　メッテルニヒはドイツのことを真剣に考えていないのだろうか？　学生はだんだんと猜疑心にかられだした。年が明けて、ナポレオンが幽閉されていたエルバ島を脱出したというニュースが舞い込むと、喜ぶ者まで現れはじめた。ナポレオンならきっとこの停滞を打ち破ってくれる！　会議なんてぶっ壊れちまえ！　彼らは、ワルツにかき消されまいと、抗議と野次の声を上げはじめた。

十九歳のシンドラーもそのひとりだった。はじめはおずおずと小さな声で、しまいには誰にも劣らぬ怒号を張り上げて。その情熱が度を越してしまった瞬間があったのだろうか。一八一五年二月頃、彼はついに警察に捕まってしまった。鼻水も凍るような真冬の塀の中で、彼の胸は氷も溶かすほどに熱く燃えたぎっていた。お父さん。オルミュッツもまた偉大なるドイツの一部なのです。俺は祖国のために闘っているのですよ。

だが、シンドラーやほかの学生が上げた声は、ウィーン会議の進行になんの意味ももたらさなかった。会議の結果は学生たちを愕然《がくぜん》とさせた。議定書に描かれていたのは、統一ドイツどころか、ナポレオンの出現やフランス革命よりも前、つまりは十八

世紀の王政時代を思い起こさせるような、古くさいヨーロッパ地図にすぎなかった。「ドイツ連邦」なるものは新たに成立していたが、それはオーストリア、プロイセン、ザクセンなどの計三十九の領邦や帝国自由都市を寄せ集めた総称にすぎず、ひとつの国家の体を成しているわけではなかった。かつての神聖ローマ帝国と実態はさして変わらない。その上「神聖同盟」なるけったいな同盟が新たに出現している。ロシア皇帝、オーストリア皇帝、プロイセン王ほか世界各国の君主が、二度と戦争や混乱が起きぬよう相互に協力し合って、世界全体の権力バランスを保っていこうという同盟である――というと平和的な政策のように聞こえるが、要はお偉いさんたちの安全を脅かす下克上じみた手合いが現れたら、力を合わせて弾圧してしまえという取り決めだ。

ふざけるな。学生は激怒した。リュッツォウ義勇部隊に志願して死んでいった同志たちの思いはどうなる。くたばれメッテルニヒ。くたばれ神聖同盟。ドイツ語圏の学生生は、神聖同盟に対抗するための組合を組織しはじめた。ドイツ・ナショナリズム運動の象徴として知られる学生結社「ブルシェンシャフト」の興《おこ》りだ。

シンドラーも怒りに燃えて立ち上がった。警察からの勾留を解かれた彼は、ウィーン大学内に設立されたある組合の中心メンバーになった。彼の筆跡による組合の会則の草案が残っている。

われわれの尊き祖国は、長年にわたり外からやってきた勢力の重い足枷《あしかせ》に呻《うめ》き続けてきた。この勢力によって、よその品位のない法がわが祖国に押しつけられ、尊ぶべき慣例としきたりが拒まれ、あらゆる道徳が腐敗し、ドイツ的な誠実さと正直さがほとんど根絶やしにされてしまった。

しかし、全能の神はわれわれの要求を聞き入れてくれた。ドイツの地は解放された。われらが素晴らしき祖国の高貴で崇高なるものすべてを残忍にも破壊し尽くした、かの高慢な民族に打ち勝ったことによって、自らの手で自由を勝ち取ったのである。

ドイツ国は昔から自立した存在たりうることをみずから示してきたし、ドイツ人は、祖国と、祖国の法と、祖国の尊敬すべき慣例と慣習を守るための勇気や強さに欠けたことは決してなかった。ドイツ人に固有の慣例や慣習が、統一された感覚によって結びつけられている限りにおいて。

ではなぜ、われわれはいまなお自由であるべきドイツを、よそものの意のままにされ、思考も行動もわれわれに遠く及ばぬ民族どもに支配されなければならないのか？　なぜわれわれはその原因を想起させるものをいまだに一掃できないでいるのか？　なぜわれわれドイツ人は自分たちのもっとも美しい誇りを、われわれドイツ人の気質を失ってしまったのか？

当団体の目的は以下のとおりである。
一　正しいドイツ語を学び、学問的な会話に結びつけるべし。
二　同じくわれわれの現代の時代精神にふさわしいドイツ服を、公共の場においても、普段の生活においても、可能な限り身につけるべし。（…）(4)

正真正銘のアジ文だ。これが、のちの『ベートーヴェン伝』の著者にして会話帳改竄事件の犯人、アントン・フェリックス・シンドラーがはじめて世に放った文筆作品なのだ。世界のどこにでもいる寡黙な田舎青年を、アントン・フェリックス・シンドラーという特異な一人物に変貌させたのは、ウィーンで過ごした最初の数年間だったのかもしれない。

いまや愛国の志士と化したシンドラーは、「現代の時代精神にふさわしいドイツ服」たるフロックコートをまとい、反り返るほどに胸を張りながらウィーンの街を闊歩《かっぽ》している。背が高いので遠目のシルエットはそう悪くない。近くでその顔を見上げれば、ぶかっこうな鷲鼻《わしばな》と、ひどいしゃくれ顎《あご》。分厚く垂れた黒髪のはざまから、青ざめた神経質な額をのぞかせている。「正しいドイツ語」を心がけるあまり、放つ言葉はかえって慇懃《いんぎん》無礼《ぶれい》。この傾向は死ぬまで直らず、彼がその後の人生で多くの人びとから嫌われる原因のひとつとなってしまった。

誰が魔法をかけたのか

しかし、シンドラーの抱いた野望はものの数年で潰《つい》えてしまう。

一八一七年十月。宗教改革三百周年とライプツィヒの戦いの戦勝四周年を祝して、イェーナをはじめとするプロテスタントの都市の学生組合員が、マルティン・ルターゆかりの地であるアイゼナハのヴァルトブルク城に集結した。この祝典のさなか、暴徒と化した学生が、「反ドイツ的」と独自に見なした三十冊近くの書物を燃やしてしまう。その後も学生の暴走はおさまらない。一八一九年にはマンハイムで、過激派の学生カール・ザントが保守派の劇作家アウグスト・フォン・コツェブーを殺害するという大事件が起きてしまった。

これを受けてメッテルニヒは、ドイツ連邦の主要十ヶ国をカールスバートに集めた緊急会議を開催。学生が結社を組織して運動することを禁止する法を定めた。焚書騒動や殺人事件と直接かかわりのないオーストリアにも、連帯責任さながら同じ法が適用されてしまう。事実上の組合強制解散だ。シンドラーがかかわるウィーン大学の学生運動も、完全に息の根を止められてしまった。

なんということだろう。シンドラーは呆然と立ちつくした。敗北の焼け野原の前でハタと我に返れば、今後のゆくえが危ぶまれるのは祖国ドイツではなく自分自身だ。彼はすでに二十四歳になっていた。ろくな学歴も職歴も金もない。フロックコートと愛国思想を着込んだ、ただの大学中退者だ。将来を嘱望された優等生の面影《おもかげ》はとうに消え失せていた。

一応、法律事務所で細々とアルバイトはしていた。これが、当時のシンドラーにとってのおもな収入源だったようだ。だが、法学や学士号やエリート官僚への興味はこれっぽっちも残ってはいない。学生運動の炎が青年シンドラーの無垢な志を焼きつくしてしまった。

ならば下級役人になり、つつましい家庭を築き、夜な夜なワルツを踊る、模範的な市民生活に甘んじるか？　そんなのは無理だ。ゲバ棒をあっさりと捨て、何もなかったようなすました顔で就職活動に明け暮れる小ずるい輩《やから》にはなれない。ならば故郷に帰るか？　それだけは絶対にいやだ。こんな落ちぶれた姿を親に見せるわけにはいかない。ならば、どうする。

そんな葛藤《かっとう》のさなか、シンドラーは、ルートヴィヒ・ヴァン・ベートーヴェンに出会った。

初対面の時期ははっきりしていない。シンドラー著『ベートーヴェン伝』(第一版)には「ベートーヴェンと知り合ったのは一八一四年」で、きっかけは「手紙を渡す機会を得たから」、さらに「親しく交際をするようになったのが一八一六年」と書いてあるが、会話帳には、一八一九年から一八二〇年にかけてふたりが徐々に親密になっていったかのような改竄がほどこされている。雑多な嘘を塗り重ねることで、事実を闇に葬ろうとしたのだろうか。

ふたりの交際が一次史料で明確に確認できるのは一八二二年十一月だ。シンドラーは、ウィーン・ヨーゼフシュタット劇場のパーティーで、ベートーヴェンとはじめて会話帳を介した対話を行っている。このとき、ベートーヴェン五十一歳、シンドラー二十七歳。これを最初の証拠とみなすならば、このときが初対面だった可能性も否定できない。

ただ時期がいつであろうと、ベートーヴェンとの出会いが、学生運動に代わる新たな生きがいをシンドラーにもたらしたことは間違いない。

魔法にかかったかのように、私は彼の虜《とりこ》になった(5)

と、シンドラーはのちに書いている。「魔法にかかったかのように」――この言葉こそが、ベートーヴェンとの出会いに際してシンドラーの身に起きた唯一の真実だろう。

しかし、シンドラーにその魔法をかけたのはベートーヴェンだったのだろうか？いや、彼は自分で自分を魔法にかけたのだ。少年の頃からずっと憧れていた音楽家、ルートヴィヒ・ヴァン・ベートーヴェン。こうしてじかに出会えるとは、なんという運命のめぐり合わせだろう、と。

そしてベートーヴェンの方も、目の前の若造の見当違いな思い込みを察したにもかかわらず、これ幸いとばかりに彼を自分の人生に引きずり込みにかかったのだ。なにせ、この数年の生活ときたらひどい有り様で、息子代わりの甥はいるのに妻はいないし、家政婦はすぐ逃げ出してしまう。おまけに耳は聞こえない。

なるほど、この出会いは運命だ。せいぜい、存分に働いてくれたまえ。アントン・フェリックス・シンドラー君。

第三場　虫けらはフロイデを歌えるか

「今日はお仲間のシンドラーさんがいらっしゃらなくて寂しいわ」（1）

『ベートーヴェンの会話帳』より、アルト歌手カロリーネ・ウンガーによるオリジナルの書き込み

愛はあるが、金はない

ベートーヴェンが私の忌まわしい経験〔学生時代に逮捕されたこと〕について心から同情を示してくれたので、私は涙を止めることができなかった。（2）

シンドラーは、『ベートーヴェン伝』（第三版）で、ベートーヴェンとの初対面をそ

のように回想している。

回想なのか、回想の体を取った嘘なのか。それはわからない。ただ、あながちデタラメとも言い切れない。ベートーヴェンにも多少の愛はあったのだ。少なくとも親しくなった当初は。そうでなければ彼とて、この若き「夢破れた愛国の志士」を自分のそばに置こうとはしなかっただろう。秘書生活が始まったばかりの一八二三年前半、ベートーヴェンとシンドラーの関係はきわめて良好だった。初夏にはふたり揃って、ウィーン郊外のヘッツェンドルフに引っ越し、しばらく寝食を共にする生活を送ってもいる。

問題は、ベートーヴェンがシンドラーと距離を縮めすぎてしまったことだった。彼には困った癖があった。ちょっと気に入った若者を自分の「お世話係」に仕立て上げてしまうのだ。

その悪癖が最初に出たのは、ベートーヴェンが三十歳の頃。相手は、フェルディナント・リースという十六歳のピアニスト志望の少年だった。この少年はベートーヴェンと同郷のボン出身で、祖父の代から宮廷音楽家一族どうし親しい交友関係にあった。いわば親戚も同然の仲だ。ベートーヴェンは、リース少年に写譜や出版交渉の手伝い

をさせてみっちりと音楽ビジネスのノウハウを叩き込み、自分の代役として貴族のサロンでピアノを弾かせて経験を積ませ、最後にはデビュー演奏会まで用意して楽壇に送り出してやった。インターンシップなのかタダ働きなのかは曖昧なところだが、いずれにしてもリースは、与えられたチャンスを最大限にわがものにした。彼はいまや同世代の音楽家の中でも一、二を争う出世頭となり、金欠を訴える師のために、作曲の仕事をお膳立てしたり、新作の出版に尽力したりと、孝行息子のように恩返しをしてくれている。

しかし、みんながみんな、これほど健全な関係を築けたわけではない。若いテノール歌手のヨーゼフ・アウグスト・レッケル。上の弟のカスパル・カール。そして直近では、有能で実直な銀行員のフランツ・オリヴァ——。リース以降、さまざまな若者が次から次へと現れて世話を焼いてくれた。有名ミュージシャンともなると結構モテるのだ。慣れというのは恐ろしい。ちょいと手を叩けば若者が動いてくれる生活を甘受しているうちに、ベートーヴェンは恩返しを怠るようになってしまった。金はない。保険もない。音楽指導をする気もない。愛だけはあるぞ、一応。

そんなやりがい搾取も同然のノリで、ベートーヴェンは目の前に現れたアントン・フェリックス・シンドラーの腕をつかまえてしまったのだ。きみ、気に入ったよ。ところで、明日ヒマ?

ベートーヴェンとの出会いは「ノート」との出会い

「会話帳」にシンドラーのオリジナルの書き込みがはじめて現れるのは、一八二二年十一月。百三十九冊中の第十八番目の会話帳だ。

「この時計が何を演奏しているかご存じですか？」

「昨日の王宮劇場よりいい出来ですよ」(3)

ヨーゼフシュタット劇場のリニューアル記念のパーティーでのこと。スペシャル・ゲストのベートーヴェンを歓待すべく、パーティーの主催者が、オペラ『フィデリオ』の序曲が鳴り出すからくりを時計に仕掛けておいた。シンドラーは、そのからくりについてベートーヴェンと雑談を交わしている。

当時、シンドラーはすでに大学をやめ、この劇場オーケストラの第一ヴァイオリンの一員になっていた。メッテルニヒの命令によって学生組合が禁止されてから、三年の歳月が経っている。自分にはもはや音楽の道しか残されていない。そう覚悟を決める時間はじゅうぶんにあった。

「音楽で食えるのか？」——その問いは、すでに時代遅れになっていた。フランス革命後の市民社会の台頭とともに、音楽家はだんだんと「食える」職業になりつつあった。作曲家、演奏家、楽器製作職人、楽譜出版人、音楽雑誌の編集者、劇場興行主、教師。さまざまな肩書の輩が、音楽の都ウィーンにひしめき、しのぎを削っていた。競争は激しい。ただし、もぐりこめる隙もそれなりにある。シンドラーも、故郷で培ったヴァイオリンの腕を活かして、職業音楽家の地位になんとか就くことができた。

ただ残念ながら、ベートーヴェンとお近づきになったところで自分の演奏を聴いてもらうことは不可能だった。話しかけようとするや否や、小さなノートをにゅっと目の前に突き出され、シンドラーはショックを受けたにちがいない。この音楽家が耳を病んでいるのは本当なのだ、と。

ベートーヴェンの耳疾《じしつ》の病名やその原因は現代でも完全には特定されていない。症状が現れたのは二十代後半。その後、二十年かけてゆるやかに悪化の一途をたどった。メトロノームの発明者ヨハン・ネーポムク・メルツェルが作ったラッパ型補聴器は、ごく短期間しか役に立たなかった。聴力をほぼ失い、筆談に頼らざるを得なくなったのは一八一八年、四十七歳の年。ベートーヴェンには、若い頃から楽想を書き留めるためのネタ帳を持ち歩く習慣があったが、一八一八年以降はこれにもう一冊の「筆談

用ノート」が加わった。「彼の上着のポケットはかなり重たそうだった」(4)という証言も残っている。

ベートーヴェンとの筆談は、対話相手にとって非常に骨が折れるものだった。現代人にとって、「書く」コミュニケーションは日常茶飯事だ。オンラインのチャットやSNSで互いにぽんぽんとやりとりするのに慣れた私たちには、かえって苦労が想像しにくいが、彼らの骨折りの原因は意外なところにあった。書くのが片方、つまり彼らの側だけだったのだ。ベートーヴェンは聴覚を失った後も、発話には大きな支障がなかった。だから、ベートーヴェンはしゃべる。彼らは書く。ベートーヴェンはしゃべる。彼らは書く。大変なのは圧倒的に対話相手の方だ。ジェスチャーで済むのは、「はい」「いいえ」や簡単な数字などに限られる。こみいった情報を伝えるには、乱文乱筆を承知の上で鉛筆を走らせなければならない。しかもベートーヴェンは、会話の空白の時間がもどかしいのか、書いているときに手元を覗き込んでくる。心理的なプレッシャーもハンパない。

私は、世界や私を愛する人たちから隔てられているわけではありません。……ここにはノートがあり、書くものがある。だからあなたは、書くことによって、私の質問に答えることができるのです。(5)

あるとき、ベートーヴェンは知人のひとりにこう語ったという。美しい言葉ではある。だが真相はどうだったか。別の知人はこう証言している。

彼がやったのは、対話と呼べるものではなかった。そうではなくて、彼はひとりで喋った。そうして大部分の場合、かなり長く、運を天に任せて、あてどもなく喋りまくるのだ。彼を取り囲んでいる者たちは、ほとんど何も付け加えなかった。そしてただ彼にほほえみかけるか、賛成のうなずきをしてみせるだけだった。(6)

ベートーヴェンの身辺の人びととの心情は察するに余りある。付き合いの長い友人であれば、昔を思い出して切ない感情を抱かずにはいられなかっただろう。ベートーヴェンは孤高の音楽家というイメージを持たれているが、決して人づきあいが嫌いなわけではなく、友人や音楽仲間とざっくばらんなおしゃべりを楽しむタイプだった。三十一歳のベートーヴェンが難聴の苦しみを綴った手紙「ハイリゲンシュタットの遺書」を読むと、彼は音楽の道を断たれる以上に、他人とのコミュニケーションを断たれる恐怖におびえているのがわかる。

もともとは明るく活動的で、人と交わるのに喜びを感じる性分の自分が、若くして引きこもり、孤独な生活を送るほかなくなった。(…)仲間とくつろいだり、深い話を楽しんだり、考えを打ち明け合ったりもできない。必要に迫られたやむを得ないときに人前に出る以外は、追放されたかのように孤独に暮らさなければいけないだなんて。(7)

会話帳は、ベートーヴェンを孤独の境地から救い出せる唯一の道具だった。新参者のシンドラーも、ノートを介したコミュニケーションを取るにつれ、だんだんと使命感に似た想いが育っていったのだろう。この人を支えられるのは自分だけだ。そんな勘違いで胸を焦がしてしまうのも致し方なかった。相手は、少年の頃から憧れていた音楽家、ルートヴィヒ・ヴァン・ベートーヴェンなのだから。

タダより高いものはない!

シンドラーのベートーヴェンへののめり込み方は、尋常ではなかった。
ちょっとした日常の雑事にしても、シンドラーは過剰なくらいに熱心だ。ベートー

ヴェンには、ウィーン郊外の温泉地バーデンで夏を過ごす習慣があった。宿泊先を探すとなれば彼はふたつ返事で現地に飛んでいき、

「**ちょうどいい家がふたつあります、どちらも中庭があって、温泉に近いですよ**」

とリサーチの結果をノートで報告。「**グーテンブルンはとてもきれいで感じがいいし、広すぎません**」「**お昼どきは日当り良好**」「**南西向き**」（8）と、不動産屋ばりに手もみしてあれこれ案内をしてやった。

気軽に家に出入りできる仲になったのをいいことに、シンドラーは、自らベートーヴェン宅の門番の役目さえも買って出た。ベートーヴェンとの面会を望む客人は、まずシンドラーに交渉し、彼の許可を得てはじめて家の中に入れてもらえるというわけだ。一八二三年四月の会話帳には、天才少年ピアニストのフランツ・リストがベートーヴェンを訪ねた記録がある。以下は、リストの父親の筆跡と推測される挨拶文だ。

「**あなたとお近づきになりたいと、シンドラー氏に私の願いを何度も伝えてまいったのですが、それがかなえられてまことに光栄です。十三日の日曜に演奏**

会を催しますので、おいでくださいましたら非常に幸いです」(9)

のちに音楽史上最大のピアニストとして名を馳《は》せるリストさえも、何度かシンドラーから門前払いを食らって、ようやく面会を許されたことがわかる。

仕事はこれだけではない。家政婦を探したり、出版社との交渉の手紙を代筆したり、あるいは当時ベートーヴェンが息子同様に育てていた甥カールの進学の相談に乗ったり、やるべきことは山のようにある。大音楽家と、その後ろをヘコヘコしながらくっついてくる、のっぽの若い男。なんとも悪目立ちするコンビだ。あの腰巾着はベートーヴェンの狂信者だ。そんな噂がたつ。あるときシンドラーは、知り合いの男性とカフェ「王冠《ツア・クローネ》」で出くわし、暴言を吐かれた顛末をベートーヴェンに報告している。

「『おまえはベートーヴェンに盲目になっているから、彼を悪く言うやつがいたら、そいつをナイフで刺してやるんだろうな』そんな風に大声でわめかれてしまいました」(10)

ベートーヴェンからしてみれば報告されても困る話だ。シンドラーのらんらんと輝く目を、ベートーヴェンは当惑しながら盗み見たにちがいない。え？　ちょっと待っ

て？　こんなの見せられて、どう反応しろと？　物騒な真似はやめてよ。

　この男とはどうもかみ合わない。だんだんとベートーヴェンは気がつきはじめた。シンドラーというやつは、リースや他の側近たちがそうしてくれたように、うまいこと調子を合わせたり、イジったり、まぜかえしたりしてくれない。どうもリアクションが的外れか、あるいは極端なのだ。

　たとえばこんな出来事があった。シンドラーが彼に仕えるようになって一ヶ月くらいの頃。酔いにまかせて、ベートーヴェンは昔の恋愛話をした。おそらくどこかの酒場にいたのだろう。誰かに聞かれるのを避けるために、シンドラーの手からノートを奪い取って、へたくそなフランス語を綴った。ベートーヴェン本人が会話帳に言葉を書くのはまれだ。おおっぴらに知られたくないから書いたのに、書いたゆえに後世に残ってしまうという矛盾があらわれた箇所でもある。

「俺は彼女の夫よりもずっと彼女に愛されていたんだ」（11）

「彼女」というのは、ジュリエッタ・グイチャルディ。ベートーヴェンが三十歳そこその頃、ピアノを教え、『月光ソナタ』を捧げた貴族のお嬢様だ。そんな元カノも

いまは人妻。でも俺のことが長年忘れられなかったらしくてな。もちろん復縁は断ったが、魅力的な男は罪だね。フフン。そんなモテ自慢の話だ。ところが、シンドラーは、大まじめにそれを受け取ってしまう。たいへんな話を聞いてしまった、とばかりに真顔になって、「**分かれ道のヘラクレスというわけですね！**」(12)と、美徳と悪徳の間で迷えるギリシア神話の英雄になぞらえて、ベートーヴェンを崇《あが》めだした。いやいや、ヘラクレスって。もっと軽いノリで受け入れてくれよ。一般的な男子のコミュニケーションをとってほしい。なんだか、こっちが気まずい。

こんな出来事もあった。ベートーヴェンは、シンドラーを「パパゲーノ」と呼んでいた。モーツァルトの晩年のオペラ『魔笛』に登場する、ユーモラスな鳥刺し男の名前だ。劇中には、非モテ男のパパゲーノが、かわいい恋人を手に入れるために「誰とも口をきいてはいけない」という試練を課せられるシーンがある。つまりこれは「てめえは無駄口を叩くな」という意味のあだ名なのだ。だいぶ悪意がある。それでもシンドラーは、尊敬するマエストロから愛称を付けてもらえたのがうれしかったらしい。自ら手紙の署名にそれを使うようになった。

現下《げんか》において、貴殿《きでん》に以下をご報告申し上げることを幸いに存ずるものなり。ロシア皇帝の命により、五十名の装甲騎兵《そうこうきへい》が、貴殿のもとで祖国のために闘う

ロシア分遣隊として当地に到着せり。これら選抜部隊の指揮官は、ロシア宮廷顧問官なり。ピアノ製作者シュタインは同指揮官より、その五十名を貴殿の部隊につかせよとの指令を受けたり。目下《もっか》われわれの近傍《きんぼう》には、一切の異状なし。
貴殿のしもべ、パパゲーノより(13)

意味がわかってないのか? こいつ。しかも、ベートーヴェンがよく親しい仲間とおふざけで使う軍隊口調をわざわざ真似している。ウザい。そこで、彼はこんな返信を書き送った。

その金を受け取り次第、貴君のご尽力に相当する五十フロリンWW〔ウィーン通貨〕を私から進呈する。余計な口はきくべからず。(…) パパゲーノ君のマエストロから、ご挨拶まで。(14)

「ご尽力」というのは、ベートーヴェンが当時完成させつつあった大作宗教曲『ミサ・ソレムニス』の筆写譜販売のことだ。宗教曲は、ピアノ・ソナタや室内楽とは異なり、印刷譜を一般流通させてもそう簡単に売れない。そこでベートーヴェンは、特別限定版の手書きによる楽譜を作って、ヨーロッパ各地の宮廷や音楽団体に高値で売

りつけるビジネスを思いついた。シンドラーは営業マンだ。あちこちに手紙を書いたり、交渉を重ねたりと必死で働いた結果、彼はみごとロシア皇帝から承諾の返信をぶんどってきた。手紙にある「五十名の装甲騎兵」とは、売価の五十ドゥカーテンを示している。その功績に対して、事業主ベートーヴェンはギャラの支払いを申し出ているわけだ。

ベートーヴェンが使い走りの若者に対して成果報酬を現金で渡すのは、実はめったにないことだった。しかも提示した五十フロリンWWは売価の約九パーセントに当たり、悪いマージンではない。彼は、シンドラーがこの半年あまりの間に押しつけてきた重すぎる恩を、ビジネスライクに金で返そうと考えたのかもしれない。言ってしまえば、手切れ金だ。ぼちぼちフェードアウトしてくれていいんだぜ。今までありがとな。そんな気持ちを言外《げんがい》にこめたつもりだった。

ところが、シンドラーは空気が読めない。おお、なんというお優しきマエストロ。金はありがたそうに受け取って、そばから決して離れようとしない。ダメだコイツ。察しが悪いやつめ。

ベートーヴェンのいら立ちはつのる一方だった。家族や友人へ宛てて、こんな手紙を書きなぐっている。

あのしょうもないろくでなしのシンドラー
（八月十九日付、弟ニコラウス・ヨハン・ヴァン・ベートーヴェン宛）(15)

神のつくりたもうたこの世界でこれまでお目にかかったことがないくらいにしょうもない男
（九月五日付、弟子フェルディナント・リース宛）(16)

シンドラーというこの押し付けがましい盲腸《もうちょう》野郎は、あなたもヘッツェンドルフでお気づきだったでしょうが、もうずっと私には鼻つまみものなのです。
（冬頃、劇作家フランツ・グリルパルツァー宛）(17)

もはやパパゲーノどころではない。完全な悪態だ。好意を持てないやつに借りを作り続けるのは辛抱たまらない。そのことをベートーヴェンはようやく思い知った。タダより高いものはない、ということわざを地で行くような話だ。悔いる分だけブラック企業の社長よりはまだマトモともいえるが、見ようによってはかえって残酷だ。なにしろシンドラーの側は、貸しを貸しとも思わずに、ひとかけらの愛こそを欲しがって、ベートーヴェンの前で尻尾を振っているのだから。

ああもう。どうするよ、こいつ。

ベートーヴェンは悩んだ。悩んだが、ひとまず、問題は先送りにした。彼は当時、ある大作の作曲に勤しんでいた。そろそろ初演に向けて動き出さねばならない。となると人手がいる。パパゲーノはもうしばらくキープしておこう。一八二三年後半のどこかのタイミングで、そんな風に気が変わった。

その大作とは、終楽章に「合唱」をともなう前代未聞の交響曲だった。

黒歴史リベンジ・マッチ

『交響曲第九番』――

今日では、クラシック音楽の代名詞として語られることも多い作品だ。フリードリヒ・シラーの詩『歓喜に寄《よ》す』を用いた第四楽章は、プロからアマチュアまで幅広く歌われる。日本人がドイツ語に触れる数少ない機会といってもいい。

その作品が成立するきっかけを生んだのは、意外にもドイツ語圏ではなくイギリス

だった。ロンドン・フィルハーモニック協会の一員だった弟子のリースや彼の同僚たちが、ベートーヴェンの経済状況を好転させるために、大きな仕事を委嘱しようとあれこれ手を回してくれたのだ。だから、本来はロンドンで初演されるのが筋であり、ベートーヴェン自身も当初はそのつもりだった。

しかしシラーの詩の英訳が困難だとわかり、ロンドンは第一候補から外れた。必然的に候補地はドイツ語圏に絞られる。するとベートーヴェンはベルリンで初演したいと言い出した。

シンドラーはやきもきした。ああマエストロ、なぜウィーンがおいやなのですか。憎きオーストリア宰相メッテルニヒにあなたの偉業を見せつけてやりましょうよ。『歓喜に寄す』は、フランス革命の三年前の一七八六年、ベートーヴェンが十六歳になる年に発表された作品だ。ベートーヴェンのような革命世代のおじさんにとっては青春の思い出の詩であり、シンドラーのような学生運動世代の若者にとっては革命精神の原点ともいうべき古典的名作である。この詩をあえて選ばれるとは、しかも合唱付きの交響曲に仕立てようとは、さすがマエストロ！　さあ、われわれの同志に早く聴かせてやりましょう！

しかし、ベートーヴェンは驚くほどウィーンでの初演に消極的だった。

なにしろ世間ではイタリア・オペラが大流行中だ。一番人気は、喜劇と美食をこよなく愛するイタリア人作曲家、ジョアキーノ・ロッシーニ。彼が手がけた『セヴィリアの理髪師』『泥棒かささぎ』などの陽気なオペラは、ウィーンの人びとに大ウケだった。市民は小難しいことは考えるな、というメッテルニヒのポリシーに、彼のオペラは見事にマッチしていた。自分の「合唱付き」交響曲は、果たしてそのカウンターとして機能しうるだろうか？　傑作ラブ・コメディのエンディングを超えるインパクトを与えられるだろうか？　かつて貴族のサロンでライバル・ピアニストを倒して勝ち上がった大御所は、いまなお世の風向きを読むセンスに長《た》けていた。

ベートーヴェンがためらった理由はもうひとつあった。それは彼自身の過去だ。自主演奏会を開催するのは実に十年ぶり。一八一四年十一月に行われた、ウィーン会議を讃えるカンタータ『栄光の瞬間』の初演以来だ。この演奏会は、六千人の聴衆と名だたる貴賓《きひん》を大レドゥテンザールに集め、空前の大成功をおさめた。ウィーン会議の片棒をかついで空前の喝采を浴びてしまったのは、いまとなっては黒歴史に他ならない。これで今回の演奏会が失敗したら？　構想から実現まで三十年を要した作品が、あの御用ソングに負けたとしたら？

ベートーヴェンは、自分が納得するまで何度も推敲を繰り返すタイプの作曲家だ。言い換えればグダグダ悩むのが日常化している。ある日、ウィーンで初演をやろうかと言ったかと思うと、翌朝にはやっぱりやめたと言う。これでは話が進まない。シンドラーは策を講じて、ベートーヴェンの家に女歌手を連れていった。二十一歳のうら若きアルト歌手カロリーネ・ウンガーは察しのいい女性で、シンドラーの目論見に見事に応えてくれた。「**あなたは自信がなさすぎますわ。全世界からの尊敬の想いにあなたはもう少し誇りを持ってください。どなたが異議をとなえていらっしゃるの?**」と、鉛筆でぐいぐい追い詰める。ごまかすように「きみ、彼氏いるの?」とセクハラ質問をかましてくるベートーヴェンを、「**あなたには何人の恋人がいらっしゃるのかしら?**」(18)と、きっちり睨み返す。ベートーヴェンはニヤニヤしている。美人で気の強いウンガーを気に入ったようだ。どうしようもないオヤジだ。だが、ともかくこれで、ちょっとは前進した。ベートーヴェンをどう焚きつけてどう企画を前に進めるか。シンドラーにとっても新境地だ。

助け船は予想外の方向からもやってきた。ベートーヴェンの新作をベルリンに持っていかれてしまう! そんな噂を聞きつけたウィーン在住の人びとが、地元での初演を乞う「嘆願書」を持ってきたのだ。実質的な発起人は、ベートーヴェンの長年のパ

トロンだった故カール・リヒノフスキー伯爵の弟モーリッツ。彼が用意した長々しい嘆願文に、ベートーヴェン・ファンの伯爵や侯爵、出版人ディアベリやアルタリア、ピアノ製作者シュトライヒャー、弟子のカール・チェルニーといったそうそうたるメンツの署名が並んだ。

目に見える形で支持を表明されて、ベートーヴェンは、ようやく腹をくくった。自分はまだ必要とされているのだ！　これほど多くの人びとが自分を応援してくれるならば、やってやろうじゃないか。

かたやシンドラーはそわそわしている。ベートーヴェンの心を動かした嘆願書を読みたい。それなのにベートーヴェンは、これをシンドラーの目の前からサッと隠して一向に見せてくれようとしない。意地悪だ。シンドラーはとうとう、

「どうかお願いです、あなたが大勢の芸術仲間たちから受け取った声明を読ませていただけないでしょうか。――それでもどうかお願いです――好奇心なぞではなく、心から同志と思うゆえなのです」(19)

と、土下座する勢いで懇願している。たぶんベートーヴェンは、シンドラーにこれを読ませると面倒くさいことになると考えていたのだろう。たしかにその内容は、シ

ンドラーの好みドンピシャだった。

あなたが隠遁《いんとん》されたことが、どれほどわれわれを落胆させたでしょうか。ドイツの地やドイツ芸術の栄《は》えある玉座を外国芸術が乗っ取ったり、またドイツの作品が外国人の好みを模倣することに甘んじている状況を、現在の音楽界で群を抜く大家であるはずのあなたは、期待の目にそむいて沈黙のままやり過ごしておいでです。芸術の黄金時代を体験したはずのわれわれの趣味が、傑出した天才がいるというのに、ふたたび子どものようによそ者のいいなりになるという危機に晒《さら》されているのです。

われわれが尽くす最善の努力に対して、決定的な勝利を保証しうるのはあなただけです。祖国の芸術協会とドイツ・オペラは、あなたに新たな繁栄を期待しています。（…）(20)

――おお、ドイツ！　祖国！　これは、自分がかつて書いたアジ文そのものではないか。学生時代の熱き咆哮《ほうこう》がシンドラーの胸によみがえる。学生運動は失敗した。しかし、ベートーヴェンの音楽を世に送り出すという新たな使命でもって、あのときの屈辱を晴らせるのだ。しかもこの因縁《いんねん》の地ウィーンを対戦のリングとして。

これ以上の理想的なリベンジ・マッチがあるだろうか。

「自主演奏会を開催する決意をすでにされたとのこと、心よりお慶び申し上げます。あなたのご決心に、私は我を失うほど喜んでおります」パパゲーノは、すっかり沈黙の試練を忘れてしまった。踊るように鉛筆を走らせる。「おかしなことは頭から追い出してください。万事うまくいきますとも、誰もが心待ちにしているのですから。裏を返せば、これは愚かな世界をよりよくするためのあなたの義務ということでもありますね」(21)

ああもう、言わんこっちゃない。ベートーヴェンはため息をついたにちがいない。何が「頭から追い出してください」だ。おかしなことに憑《つ》かれているのはおまえだろうに。言い返したかっただろうが、そうしたところでシンドラーの耳には入りようがなかった。

ベートーヴェンの我慢は限界に達した。

演奏会の準備を進めながら、彼はひそかに行動に出た。のちの甥カールの証言から推測するに、彼はシンドラーのいない場所で弟のヨハンを手招きし、こんな計略を吹

き込んだらしい。「**演奏会はやりすごして、そのあとあいつは追っ払う**」(22)と。

人類愛のメッセージが刻まれた合唱付き交響曲が世に送り出されようというなか、ベートーヴェンは、もっとも自分の身近にいるひとりの男を追い払おうとしていた。

奔走する使い走り

そんなこともつゆ知らず、シンドラーは奔走《ほんそう》した。万事を擲《なげう》って駆けずり回った。すべては『第九』初演の成功のために。あるときはたったひとりで。またあるときはヴァイオリニストのイグナーツ・シュパンツィヒや、嘆願書の仕掛け人であるリヒノフスキー侯爵といった頼れる面子《メンツ》と相談しながら。ヘンリエッテ・ゾンタークやウンガーをはじめとする参加アーティストをベートーヴェンのもとに連れて行くのはいつもシンドラーの役目だったし、会場はアン・デア・ウィーンがいい、いやレドゥテンザールだ、州議会ホールだと、意見が二転三転するベートーヴェンに、ケルントナートーア劇場を提案して彼を納得させたのもシンドラーだった。

演奏会の日取りを調整したのもシンドラーだった。

「今月の開催なら、二十二日、二十三日、それか二十四日といったところですね」(23)

チケット料金を調整したのもシンドラーだった。

「料金は平土間《ひらどま》席（一階席正面）で二フロリンが妥当でしょうね、桟敷《さじき》席が二フロリン、予約席が三フロリン」(24)

練習やリハーサルに立ち会ったのもシンドラーだった。演奏者の様子をつぶさに観察し、またときに自ら指揮役を代行しながら、

「男爵はちゃんとテンポを速めて指揮しましたよ」

「あの会場のソリストの歌声は弱いし、――それに若すぎますね」(25)

と、音を聴き取れないベートーヴェンに教えてやったのもシンドラーだった。

検閲局と闘ったのもシンドラーだった。ウィーン会議以降、出版物や上演作品への政府の干渉は強まる一方だった。彼は、何度も検閲局とやり合っている劇作家のフラ

ンツ・グリルパルツァーや劇場筋の人びとから、検閲の突破方法や治安局長のゼドルニツキに関する情報をかき集めて回った。

「皇帝は宮廷劇場の演出家たちに、ゼドルニツキがいなくなれば、じきに検閲はマシになると言ったそうです。演出家たちは、検閲の過剰な厳しさに苦情を言ったとか」(26)

革命思想を高らかにうたうシラーの詩は二十年前こそ発禁対象だったものの、フランス革命も遠い過去となったいまは古典として流通している。目をつけられこそしたが『第九』の上演NGは回避できた。問題となったのは、意外にも同時上演の『ミサ・ソレムニス』の方だった。宗教作品の演奏は、教会や聖堂でのみ許可されており、一般の劇場での上演は禁じられている。うまく落とし所を探るしかない。シンドラーはベートーヴェンに検閲局宛の嘆願の手紙を書かせた。リヒノフスキー侯爵もコネクションを利用してゼドルニツキに直々にコンタクトを取ろうと動く。そんな右往左往が続いたが、最終的には、曲名を「ミサ（Missa）」ではなく「独唱と合唱つきの三つの大きな賛歌（Hymne）」とごまかして、なんとか決着がついた。シンドラーは、あとからこんなコメントをノートに書き込んでいる。

「ミサ曲が禁止されるのではないかと昨日ひそかに心配していました。というのも、〔ミサ曲上演について〕大司教が渋い顔をしていると噂されていたからです！」(27)

すべては「愚かな世界をよりよくする」ためだ。シンドラーは使命感に燃えていた。交渉に明け暮れているうちに押しもどんどん強くなっていく。一方でベートーヴェンの優柔不断は直らない。何を提案してもぐちゃぐちゃ文句を言う。シンドラーはときに、

「ありもしない問題をご自分で探そうとするのはやめてください。もし何かあったとしてもすべて調整させますから」(28)

と、ズバリと言い返したりもしている。もはや、俺が仕えているのはベートーヴェンではない。この『交響曲第九番』の初演というプロジェクトだ。そんな意識の変化が起きつつあった。

その証拠ともいえる出来事が、最後の最後に起きる。

指揮者を誰にするか、という問題が思いがけない形で持ち上がってきたのだ。

生ける化石、舞台に立つ

指揮者の人選は、当初から頭の痛い問題だった。劇場には、たいがい専属のオーケストラや指揮者がいる。作曲者本人といえども余計な口出しはできない。それにもかかわらずベートーヴェンは、盟友のシュパンツィヒに指揮をさせたいと言い張って周りを困らせた。シュパンツィヒは、三十年にわたってベートーヴェンの室内楽の数々を初演してきたヴァイオリンの名手だ。作曲者としては信用できる演奏者を中心に据えたい気持ちが強かったのだろう。ただ、名声が高いアーティストにはアンチも多い。交渉中だったアン・デア・ウィーン劇場は彼の登用に大反対。おかげで劇場選びが振り出しに戻ってしまった。

譲歩してくれたのはケルントナートーア劇場だった。劇場の楽長であるミヒャエル・ウムラウフが指揮をし、シュパンツィヒがコンサートマスター、つまり第一ヴァイオリンの席からオーケストラを統率する立場につく。この案にベートーヴェンも納得し、指揮者の問題はぶじ解決したはずだった。

ところが、土壇場《どたんば》になってまた一問着《ひともんちゃく》が起きた。いざ演奏会の宣伝ポスターを制作

する段になって、ケルントナートーア劇場の支配人のルイ・アントワーヌ・デュポールがとんでもない相談をシンドラーに耳打ちしてきた。なんと、世間の注目を集めてチケットを売りさばくために、ベートーヴェン「本人」に指揮をさせたいというのだ。

驚きのあまりシンドラーは言葉を失った。演奏会の実現のためにリハーサルやらチケット料金の調整やらあれこれ尽力してくれた相手でなかったら、バカか⁉ と声を上げていたところだ。あんたもすでに何度もベートーヴェンに会って、彼の耳の状態は知っているだろうに。

シンドラーはすぐさまベートーヴェンのもとに飛んでいって、その一部始終を会話帳に書きつけた。相談というよりは愚痴だ。「しかしデュポールは、ぜひウムラウフと共にあなたが指揮をすると〔演奏会の宣伝ポスターに〕書きたいそうなのです。どうしたものかわかりかねたので、ひとまず保留にしておきました」「序曲ならまだおひとりで指揮できるかと」「あなたの耳に大きな負担になりますから、すべてを指揮するのはおすすめしません」(29)

シンドラーが慌てたのも当然だった。はるか十年前、オペラ『フィデリオ』の再演の際に、すでに問題は起きていた。こんな目撃談が残っている。「ベートーヴェンの指揮は、激情のあまりしょっちゅう爆走して音楽から外れていた。しかし、楽長のウムラウフが彼の背後に立ち、目配せや身振りによって演奏者に指示を伝え、すべて滞

りなくやってのけた」(30)

まだ聴覚が残っていた頃でさえ、そんな状態だったと聞いている。いくらベートーヴェンの耳の病を誰もが知っている状況とはいえ、ぶざまな指揮姿を舞台上で晒すなんて、イメージダウンもいいところじゃないか?

いや。待て。シンドラーははたと鉛筆を止める。冷静になるにつれ、じわじわと別の考えが持ち上がってきた。イメージダウン? むしろ逆じゃないか。嘆願書に書かれていた通り、世間からみれば、いまのベートーヴェンは世間から「隠遁」した生ける化石だ。そんな化石が舞台に立つと知ったら、みな、喜んで物見遊山《ものみゆさん》にやってくるだろう。そして彼らは、「激情のあまりしょっちゅう爆走」するベートーヴェンの指揮をありがたく拝む。幻滅するどころか、マエストロのあわれな姿にますます感動の涙を流し、劇場はブラヴォーの大合唱。音楽の方は、ウムラウフがまとめてくれるから何の問題もない。

この国の劇場にはアンコールの数を制限する規則がある。鳴りやまぬ喝采を止めに警察でも出てこよう日には、人びとは同情と非難の声を上げるだろう。彼の耳疾の原因すらも政府の横暴に帰するがごとく。客席にいる同志たちは思い出すにちがいない。ライプツィヒの戦いで斃《たお》れていった兄弟たちの魂を。そして叫びはじめるだろう。祖

国ドイツへの永遠の愛を。

——いや。いや。それはさすがに期待過剰か。にしても、音楽を、あるいは音楽家をどのように見せるか。これは重要な問題だ。もはや自分はベートーヴェンにただ憧れている立場ではない。分不相応にも、憧れをコントロールする側の人間になったのだから。汚い無精髭をはやし、使用済みの便器もほったらかし、風呂にもろくに入らないのに、食べ物の新鮮さにかけては極度に神経を尖らせ、気に入らなければ家政婦に卵を投げつけ罵倒する。そんな老いぼれを、もろびとの心をつかむ悲劇の巨匠として舞台に立たせる。それこそが自分に課せられた仕事なのだ。

しかもベートーヴェン当人も、舞台に立つのをいやがっている様子がない。気の毒にも彼は、耳疾のコンプレックスを乗り越えるという二十年来の夢を捨てきれていないのだ。そうとなれば、その意欲を利用しない手はない。先の意見は撤回だ！

シンドラーは再びデュポールのもとへ走った。結果として、ポスターの内容はこの支配人の企み通りになった。「オーケストラ指導　シュパンツィヒ氏」「指揮　楽長ウムラウフ氏」という二人の名が書かれた下に、ひときわ大きな字が躍った。「ルートヴィヒ・ヴァン・ベートーヴェン氏がすべての作品を指揮する」(31)

どえらい賭けに出てしまった。ポスターを眺めながらシンドラーは身震いしていた。その肩をぽんぽんと叩く丸っこい手がある。コンサートマスターのシュパンツィヒだ。彼はシンドラーの働きぶりを誰よりもよく見てくれていた。初演を数日後に控えたある日、シュパンツィヒは筆談用のノートにこう書きつけた。

*

「シンドラーがいなきゃ、この演奏会を開くことはできなかったろうね」
「シンドラーがすべてやってくれちゃったのさ」

シンドラーがパパゲーノなら、この肥《ふと》った陽気なヴァイオリニストは、シェイクスピアの戯曲の登場人物になぞらえて「ファルスタッフ卿」というあだ名をつけられていた。そんな彼の言葉を受けて、シンドラーとおぼしき筆跡が、すぐ右横にこんなひとことを書き添えている。

「もしくは、すべてお膳立てしてさしあげたのです」(32)

虫けらはフロイデを歌えるか

ケルントナートーア劇場は、ウィーンの中心街の南端に建つ帝国歌劇場である。オーケストラの演奏のみならず、国内外の目玉オペラやバレエが上演される、当時のウィーンにおけるもっとも有名なホールのひとつだ。

五月七日の夕刻。劇場の入口は、著名な文化人から一般の音楽ファンまで多くの客でごった返していた。ポスターの効果ゆえか、二千四百席分のチケットは当日までにほとんど売り切れてしまったと伝えられている。告知期間が短かった割に奇跡的な客入りだ。チケット売り場を偵察しに行った甥のカールは、「**ボックス席ははけて、二十五から五十なんて高値がついた席もある。四階は完売だよ**」(33)と、喜びいさんで戻ってきた。

唯一、心残りなのは貴賓席が空っぽなことだった。「**この演奏会を目前に、皇帝は旅立ってしまったのです**」(34)と、シンドラーは残念そうにノートに書きつける。とはいえ、これも演出として悪くはあるまい。めかしこんだヨーロッパじゅうの王侯貴族がずらりと雁首をそろえた、十年前のレドゥテンザールとは違う。今宵《こよい》は市民のための演奏会だ。ウィーン会議のお偉いさんではなく人類を讃えるのだ。

それでもベートーヴェンはまだぶつぶつネガティブな独り言を言っている。本番間もなくという頃、シンドラーはこんなメッセージを会話帳に書いて最後の激励を送った。

「反論をお許しください。この交響曲が、ほかのすべてに先立つ例外的なものであることを。そして、あなたが昨日自らおっしゃったとおりですが――これはもっとも大きく、もっとも難しい交響曲なのです」(35)

ベートーヴェンの意向によって無理やり増員させたオーケストラも、ハードな練習を強《し》いられた合唱団も、無謀な音域を指示されて悲鳴を上げた四人の独唱者たちも、それぞれ試練を乗り越えた。いざ本番だ。舞台の上で、シュパンツィヒはヴァイオリンを抱え、ウムラウフは指揮棒を携えて、ルートヴィヒ・ヴァン・ベートーヴェンの登場を待っていた。

その日のベートーヴェンは、めったにお目にかかれないフォーマルないでたちだった。白のタイにチョッキ、黒サテンの半ズボンに黒絹の靴下、それに金のバックル付きの靴を履いている。上着が正装の黒ではなく緑なのが残念なところだが、手持ちが

これしかなかったので致し方ない。こんなところにまで気を配ってやるのがシンドラーの仕事なのだ。

「私の最愛のマエストロ」――とは、シンドラーが会話帳によく書きつける呼びかけの言葉だ。私の最愛のマエストロ――舞台脇から、自分よりだいぶ小柄な、白髪を荒々しく逆立てた五十三歳の音楽家を送り出しながら、彼はこのときもささやいたにちがいない。もちろん、その声は届かない。久々にベートーヴェンの姿を目にした聴衆のどよめきさえも、彼の耳は聞きとることができないのだから。どれほどの孤独だろう。しかし、やはりこの人は強い。あれほどグダグダ悩んでいたのが嘘のようだ。足どりには迷いがない。自分の指揮によって、自分の曲を披露する。その途方もない夢が、彼の姿を巨匠らしく見せている。

ベートーヴェンがオーケストラをぐるりと見渡し、腕を構えると、その背後でウムラウフが影法師《かげぼうし》のように同じポーズを取った。ああ、夢は始まる前からすでに潰えている。ベートーヴェン以外の人びとにはそれがわかっている。演奏においては何の役にも立たない、ただのお飾りの音楽家。なんとかわいそうなことか。だが、いまはその役目に徹してもらわなければならぬ。そうとも、鳴り響くオーケストラをバックに、その病んだ姿を聴衆の前に晒すがいい。

シンドラーの耳に、『歓喜に寄す』の一節がこだまする。

快楽は虫けらのような者にも与えられ、
智天使ケルビムは神の前に立つ。

虫けらのような者。それはまさに俺自身に他ならない。この交響曲は、俺を含むすべての人を救うにちがいない。今こそ、その物語が幕を開ける瞬間だ。

＊

残念ながら、シンドラーは甘かった。初演のドタバタを経てさえも、二十八歳の彼は、まだ純粋すぎた。ベートーヴェンは、ほかの人類はさておき、このパパゲーノだけは救うものかと心に決めていたのだから。シンドラーはわかっていなかった。音楽作品と人生の物語が一体化する奇跡は、フィクションの世界でしか起き得ないということを。「歓喜《フロイデ》」の大合唱が観客の頬を涙で濡《ぬ》らしていた間、ベートーヴェンの弟ヨハンはこれから間もなく起こる追放劇を思い描き、ひそかに笑みを浮かべていた。

第四場　盗人疑惑をかけられて

「あなたを慕っている連中が、私の陰口を言いふらしているんでしょうね」(1)

『ベートーヴェンの会話帳』より、アントン・フェリックス・シンドラーによるオリジナルの書き込み

盗人疑惑をかけられて

プラーターは、ウィーンの北部に広がる緑豊かな公園だ。市民の憩いの場として親しまれており、散歩や狩りなどのレジャーとともにおいしいビールやジビエを愉《たの》しめる。晴れた五月の日中とあって、敷地内の人気ガストハウス（レストラン兼ホテル）である「野人館《ツム・ヴィルデン・マン》」はたくさんの客でごったがえしていた。

陽気なムードのなか、あるテーブルだけが重苦しい空気に包まれていた。

——話が違う。

集まった誰もがそう思っていた。マエストロが自ら『第九』初演の労をねぎらってくれる昼食会だと聞いていた。招待されたのは、コンサートマスターのシュパンツィヒ、指揮者のウムラウフ、甥っ子のカール、そして実務担当のシンドラー。いずれも今回の演奏会の功労者だ。

それなのに、どうしてこんなにベートーヴェンは不機嫌なんだ？

客人たちが気まずそうに目配せしあうなか、ベートーヴェンはようやく口を開いた。他ならぬシンドラーの顔をはっきりと見すえながら。

「おまえ、演奏会の収益をかっぱらったな」

耳を疑うとはこのことだった。

あの割れんばかりの喝采から、まだ二晩が過ぎたばかりだ。

演奏が終わるやいなや沸き起こる拍手と歓声。人びとの目からあふれる感激の涙。大声でアンコールをねだる聴衆。暴動の気配を察してあわてて止めに入る警察。そん

な大フィーバーにいっこうに気づく様子もなく、楽譜にじっと目を落としたままのベートーヴェンの袖をやさしく引いて、観客席の方に振り向かせてくれたのは、アルト歌手のウンガーだ。作曲者の耳がすでに聴こえないという事実が、このパフォーマンスによっていっそう際立った。なんとデキる女歌手だろう。

「今日のような激しく心のこもった喝采は、人生で聴いたことがありません」終演後、のぼせた顔をしたベートーヴェンをつかまえて、シンドラーはノートに書きつけた。「皇帝をお出迎えするときをしのぐ勢いの拍手でした。民衆は嵐のごとく四回も沸きました」「最後には万歳の叫び声までも聞こえました」「宮廷は三回までなのに、ベートーヴェンには五回というわけですよ」シンドラーも興奮していた。ついつい、言葉もオーバーになる。

「いまや、わが勝利が遂げられたのであります」(2)

それくらいの大言を吹いたって許されるだろう。ベートーヴェンの秘書アントン・フェリックス・シンドラーの大奮闘なしには、演奏会の成功はありえなかったのだから。

それなのにいま、ベートーヴェンはなぜ、これほど険《けわ》しい顔つきで自分を責め立てているのだろう。

幸い、ウムラウフやシュパンツィヒは、シンドラーの味方についてくれた。鉛筆を走らせ、あれこれ必死にかばってくれている。シンドラーも鉛筆を握ったものの、頭の中がぐるぐるして言葉にならない。金をかっぱらった？ そんなばかな。ウィーンの演奏会のチケット単価はパリやロンドンと比べると安く、そのくせ場所代やギャラは同等にかかる。だから、実入りはどうしたって少なくなってしまう。繰り返しそう説明し、納得してもらったはずじゃないか。

そもそもタダ働きな上に、そんな難癖をつけられてはたまらない。『ミサ・ソレムニス』の筆写譜販売のときは五十フロリンWWを気前よくくれたというのに、今回はいったいどうしたことだ？

待てよ。シンドラーは青ざめた。あの五十フロリンWWだって、よくよく考えれば、俺の好意をビジネスライクに金に換えられたようなものじゃないか。今回は、金ではなく、盗みというでっちあげの罪でもって俺の好意を無にしようというのか？

がたり、と物音がして、現実に引き戻される。隣の席のウムラウフが椅子を引いて立ち上がっていた。身をひるがえし、レストランを出ていく。抗議の退席だ。シュパンツィヒの方は、テーブルの上にいっぱい並んだ料理に多少の未練がありそうだが、

腰はすでに浮きかけている。こんな地獄の底に最後まで取り残されるのはたまらない。ぎゅっと目を閉じて、シンドラーも立ち上がった。向かいの席のベートーヴェンの顔は恐ろしくて直視できない。——震える手で二、三の抗弁を書きつけたが、もはやこれまでだ。「アデュー、アデュー！　さようなら」(3) 転げるようにレストランを飛び出して、ウムラウフの背中を追いかけた。

シュパンツィヒは盟友を説得しようといったん座り直したものの、何分もたたないうちに耐えきれなくなったらしい。

「彼は何もしちゃいない、まったくの無実だよ」(4)

そうノートに書きつけたあと、でっぷりした腹を左右に揺らしながらウムラウフとシンドラーを追いかけてきた。

＊

ちくしょう。わかったぞ。黒幕はベートーヴェンの弟のヨハンだ。シンドラーはそう確信した。あの成金薬剤師とはかねてから仲が悪かった。きっかけは昨年招待され

たダンスパーティー。シンドラーにとっては苦手なイベントだ。顔だけ出したが、踊るのは遠慮してずっと壁際に張りついていた。それがヨハンのご機嫌を損ねてしまったのだ。

だとすれば、ベートーヴェンにはさっさと目を醒《さ》ましてもらわねば。いっとき鬱《うつ》状態に陥って、判断力を失っているだけだろう。祭りのあとにやってくる、胸に穴が空いたような空虚感と、それが引き起こす暴発。天才アーティストにはありがちな精神状態だ。

それに、この手の仲違《なかたが》いはよくあることだ。ベートーヴェンは、いったんほとぼりがさめたら素直に謝ってくるタイプだ。待っていれば便りをよこしてくるだろう。『交響曲第九番』は、すでに再演の準備が始まっている。シンドラーなしには事が進まない現実にも気づくはずだ。

その予想は的中したかのように見えた。数日も経たないうちに、郵便屋が一通の手紙を携えてやってきた。見覚えのある汚い筆跡が目に入る。もう来た！　どぎまぎしながら開封すると、こんな一文が目に飛び込んできた。

演奏会について、きみに手落ちがあったと責めるわけではない。

おお、音《ね》を上げるのが早すぎますよ、偉大なるマエストロ。ほっと胸をなでおろしながら、シンドラーはその先に目を落とした。

そして、凍りついた。

しかしきみが思慮のない勝手なふるまいをしたために、さまざまなことが台無しになってしまった。いつかきみのせいで大変な不幸が自分の身に降りかかりはせぬかと、漠然とした不安を抱いているところだ。――せきとめられた水門は、突然破れる。プラーターで会った日は、とても手厳しくきみから責められたように感じた。きみが焼いてくれる世話に対する礼は、一緒に食事するより、ちょっとした物を贈って返す方がよさそうだ。なにせ俺がちょっと晴れない顔をしていると「今日はまたお天道《てんとう》様の様子が悪うございますね」なぞときみは言う。そんなことだらけで、もうわずらわしくてたまらない。きみのような凡庸な人間が、どうやって非凡な人間を理解しようというのか⁉　手短に言おう。俺は自分の自由をとても愛しているのだ。きみに来てもらいたい機会もないではないが、いつもとはいかない。俺は生活のペースを乱したくないのだ。

デュポールは来週の木曜日に演奏会を開くと約束した。州議会ホールを借りたかったが、歌手たちがいないと拒否されてしまったからだ。彼は今回も警察

に懇請をしてくれた。だから面倒をかけるが、ポスターを持っていって第二回目の演奏会に異議がないか尋ねてみてほしい。

——俺はお返しなしできみからの親切を受けたことはないし、今後もそうだ。

——友情となると、きみとは無理だ。きみは思慮を欠いており、ひとり勝手なふるまいに走る。それにしばらく前、いかがわしい方面からきみについて情報を得たし、ほかの連中もそのことは知っている。——率直に言うが、自分の潔癖な性格からして、きみが俺に好意を寄せるからといって、友情でもって応えることはできない。きみの幸福に手を貸したいのはやまやまではあるが。(5)


卒倒せずに最後まで読み切るのが精一杯だった。

一行読み進めるごとに、これまで築き上げたものが崩れ去っていく。いや、何かを築いたと思っていたのは自分だけだったのか。ベートーヴェンにとっては、これがすべてだったのだろうか?


「わずらわしくてたまらない」「きみのような凡庸な人間」「ひとり勝手なふるまい」

——書かれている一言一句が、ナイフのように胸に突き刺さる。以前からずっとそんな風に、俺を見ていたというのか。いや、自分が気づかなかったふりをしていただけ

なのか。ベートーヴェンが向けてくる軽蔑しきった態度を。面倒そうなそぶりを。嫌悪感をこめたまなざしを。

それにしても、ピンとこない言葉もある。「いかがわしい方面からきみについて情報を得た」とは？　わざわざこんな思わせぶりな調子で言われるとすれば、学生運動や逮捕歴のことだろうが、自分が大学時代に運動家であったことはベートーヴェンも知っているはずだ。いまさら知らなかったふりをして難癖をつけてくる気だろうか？　何のために？

いや、もう何だって同じだ。こんな決定的な言葉を叩きつけられた以上は。

きみが俺に好意を寄せるからといって、友情でもって応えることはできない。

もう、何もかも。

終わりだ。

ん？　……そうとも限らないのか？　やっとの思いでもういちど手紙に目を通したところで、シンドラーの心にひとすじの光明が差した。落ち着け。まだ全然、終わりなんかじゃない。ポスターを持って行け、という命令が書いてあるじゃないか。少な

くとも再演の準備には俺を使う気なのだ。それなら行かなければ。マエストロがそれを望んでいるのだから。しかし家を飛び出しかけた彼を止めようとするもう一方の声がある。バカ野郎！　これほどの暴言を吐かれて、なおベートーヴェンのために何かしてやろうというのか。そんな手紙なんか捨てりゃいい。ベートーヴェンなんて捨てりゃいい。行くな！　絶対に行っちゃダメだ！

扉の前で、シンドラーは葛藤に身もだえていた。かつて逮捕されたときには微塵《みじん》も浮かばなかった言葉が、いま、彼を必死で引き留めようとしていた。アントン。親が泣くぞ。

捨てる男あれば、すがる男あり

それでも、シンドラーはベートーヴェンに仕え続けた。

あんな言葉をぶつけておいて、平然と仕事を頼み続けるベートーヴェンも、それに応え続けているシンドラーもどうかしている。狂気と狂気のぶつかり合いだ。

俺が仕えているのはベートーヴェンじゃない。プロジェクトだ。シンドラーは呪文のように胸の内で唱え続けた。再演さえうまくいけば。そうすればベートーヴェンも

認めてくれる。何を認めてもらえれば溜飲が下がるのかは、もはや彼自身にもわからなくなっていた。自分の潔白？　秘書としての手腕？　それとも友情？　愛？　もうなんだっていい。いまはただ、目の前の仕事に邁進するだけだ。

しかしその野望は、現実を前にむなしく空回りして、ますます彼の首を絞めていった。

『第九』再演の会場は、初演でも候補に挙がっていた大レドゥテンザールに決定した。ケルントナートーア劇場の二倍以上の客を収容できる壮麗な大広間は、一か八かの勝負にふさわしい場だ。ここを満員にして、初演を上回る収益を出してやる。シンドラーはそんな気概に燃えていた。

このホールの欠点は、専属の合唱団だ。団員のレベルが低く『ミサ・ソレムニス』の難しいハーモニーをとても歌いこなせそうにない。取り急ぎ『第九』の前座にふさわしい別の演目をチョイスしなければ。そこでシンドラーはこんなアイデアを思いつく。

カール・チェルニーに、ベートーヴェンのピアノ協奏曲を弾かせたらどうだろう？

チェルニーは、シンドラーより四歳年上のウィーン在住の音楽家だ。フェルディナント・リースのように表立って愛弟子《まなでし》を名乗ってはいないものの、折に触れてベートーヴェンからピアノの指導を受けており、『ピアノ協奏曲第五番「皇帝」』をウィーンで初演した経歴もある。実は、シンドラーは前々からチェルニーのファンだった。家を訪ねると、チェルニーはリクエストに応じてベートーヴェンのピアノ・ソナタの近作や『ディアベリ変奏曲』を弾いてくれ、彼はそのたびに震えるような感動を味わった。

そんな秘蔵っ子の弟子が久々に舞台に上がるとなれば、客入りアップは間違いなしだ。**「チェルニーは貴族にもファンが多いですから、退屈な連中にも効果絶大です」**(6)シンドラーはベートーヴェンをけしかけて依頼状を書かせると、その足でチェルニー宅の扉を叩いた。このときは想像もしていなかった。まさか、チェルニーが断ってくるとは。

チェルニーからしてみたら、それは青天の霹靂《へきれき》だった。彼自身もほんの十日前には、ケルントナートーア劇場の一席に座り、師の新作交響曲に感激したひとりだった。のんきに余韻に浸って過ごしているなか、こんなとんでもない出演オファーが舞い込んでくるとは。当惑のまなざしで、彼は師からの依頼状と、うやうやしく身をかがめた

シンドラーとを見比べた。ピアノ協奏曲を公衆の面前で弾いたのなぞ十年以上前、まだ二十一歳の頃の話だ。いまや自分はヨーロッパでもトップクラスのピアノ教師で、レディのたしなみとしてピアノを習う富裕層のお嬢さんから、フランツ・リストのような天才少年まで、さまざまなタイプの子どもたちを育成している。ほかの音楽家がやっているような小遣《こづか》い稼ぎの片手間仕事ではない。産業革命の影響下でピアノという楽器が急激な進化を遂げ、ブルジョワ層に普及しつつある時代だからこそ、「プロとしてのピアノ教師」という挑戦に打って出ているのだ。そんな自分をレッスン室から引っ張り出して、レドゥテンザールの大舞台でピアノを弾けというのか。しかも、せめて何ヶ月か時間の猶予があるならまだしも、たった数日後に！

思いがけない辞退の言葉にシンドラーは焦った。だって、先日はあれほど見事にピアノ・ソナタを弾いてくださったじゃありませんか。そう説得を試みてもチェルニーは頑として譲らない。おとなしそうで、頼み事など断れない性格の男だと思っていたが、とんだ勘違いだった。あのね、シンドラーさん。部屋のなかでごく限られた人たちを前に弾くのと、大舞台の上で何千人もの客を前に弾くのは大違いなんですよ。求められる資質がそもそも違うんです。たとえば私の弟子のリストのような才能の持ち主なら——そんな真摯な説明をしたところで、シンドラーにはとうてい理解できない。

ベートーヴェンのピアノ・ソナタを見事に弾ける。ピアニストとしてこれ以上すばらしい才能があろうか？　あなた、すごい人なんですよ？　むしろ、なんでピアノ教師なんかやってるんですか？

　シンドラーにとって何より信じがたかったのは、ベートーヴェン本人から出演をオファーされているのに、チェルニーがこうもきっぱりと断ってのけたことだった。できなければ、できないと言う。それこそが音楽家として、あるいは人間としての誠意ある対応だ。シンドラーにはそんな常識さえも通じない。頭がくらくらする。それが世の普通なのか。おかしいと思う自分がおかしいのか。だとしたら、もはや俺は、音楽家でも、人間でもないのかもしれない。それならばいったい、何？

「チェルニーは準備のないまま演奏することを非常にためらって、自ら辞退しました」(7) すっかり打ちひしがれた様子で、シンドラーはノートに書きつけた。いちばん気の毒なのは、こんなシンドラーの暴走に巻き込まれたチェルニーだ。彼とて断るのが心苦しくないわけがない。あとから、ベートーヴェンに丁重な詫び状を書こうとしたようだ。その下書きが残っている。「お断りするのは、決して我と我が身をいたわるためではなく、いわば芸術や善美のためなのです」(8)――。

人間、運に見放されるとあっという間だ。なんとか代替の演目を決め、こぎつけた再演日の五月二十三日。目を覚ますと、美しい陽光がさんさんと降り注ぎ、シンドラーの青ざめた顔を照らした。このヨーゼフシュタットの貧しき住まいにももたらされる春の恵み。すがすがしさとは裏腹に、大きな不安がこみあげた。こんなすばらしい快晴の日曜日の真っ昼間に、ウィーン市民はどこへ行く。コンサート・ホールなんかじゃない。川だ。森だ。公園だ。

その懸念は現実となってしまった。六千人収容の豪華絢爛たる大レドゥテンザールは閑散としていた。席は半分も埋まっていない。客寄せのために、ライバルであるロッシーニのオペラの一曲まで、むりやり演目に加えたというのに！　演奏の出来もひどい。音楽史に名を刻んでやるといわんばかりの初演の緊張感と輝きは、どこへ消え失せてしまったのだろう。

そうだ、地上にただ一人だけでも
心を分かち合う魂があると言える者も歓呼《かんこ》せよ
そしてそれがどうしてもできなかった者は
この輪から泣く泣く立ち去るがよい

『歓喜に寄す』の一節が、ベートーヴェンからシンドラーへの残酷な宣告のように耳を突く。寒々しい客席の空気と、精彩《せいさい》を欠いた合唱とオーケストラの響きを痛いほどに感じながら、シンドラーは、懸命に腕を振り回すベートーヴェンの姿を舞台袖から見つめた。「立ち去るがよい」——あなたはそうおっしゃるのですね。おまえと心を分かち合う魂なんかこの地上にはない、と。私はしょせん、「虫けら」ですらなかったというわけですか。

まばらな拍手と、やるせないため息を背に受けながら、シンドラーは会場をあとにした。

王宮の屋根に溶けていく、夕刻の橙色《だいだいいろ》の陽が目にしみた。せめて天気がもっと悪ければ、集客はまだ少しマシだったかもしれない。けれどそんな愚痴はもうやめよう。ベートーヴェンはあの長い手紙の中で言っていた。お天道様のせいにされるのはまっぴらだと。だとすれば、責任は自分が引き受けるしかない。ベートーヴェンに自分を認めてもらうつもりが、逆に自分の非を認めざるを得なくなってしまった。

完全敗北だ。さようなら、私の最愛のマエストロ。

たとえストーカーにならずとも

その後、シンドラーはベートーヴェンとの交流をきっぱりと絶った。会話帳へのシンドラーの書き込みは、『第九』再演の日を境にとだえている。あれほど尽くして、それにもかかわらずあれほどのいやがらせを受けて、追放されたのだ。愛憎きわまってストーカー化しても不思議ではない。

そうならなかったのには理由がある。ベートーヴェンと訣別したタイミングで、シンドラー自身の音楽の仕事がうまくいきだしたのだ。彼は、ヨーゼフシュタット劇場のコンサートマスターの職に続いて、ケルントナートーア劇場の第三指揮者にも就任した。『第九』の初演準備をめぐって劇場関係者と親しくなったおかげで、採用の道が開けたのだ。そのチャンスを作ってくれたベートーヴェンを恨んでもいられない。

とはいえ、市壁に囲まれたウィーンの中心街は東京の皇居くらい、外周にして約五キロの大きさしかない。ベートーヴェンを避けて歩く方が難しい。ましてや音楽の仕事をしていれば、かの偉大なマエストロの噂話は四方八方から飛んでくる。別れた恋人の消息をSNSで見かけたときのような気まずさと好奇心で、ついつい耳をそばだててしまう。

関係筋から聞こえてくるところによると、ベートーヴェンは、交響曲のような大作にはもう取り組んでいないらしい。『第九』演奏会のてんやわんやの顚末を経て、ベートーヴェン自身、精も根も尽き果てたのかもしれない。もう、ピアノ曲も書いていないようだ。チェルニーの演奏拒否事件を経て、公の場で自分の曲を弾いてくれるピアニストが身近にいないという現実に気がついてしまったのだろうか。代わりに、いまは、弦楽四重奏曲の作曲に熱中している。なるほど、弦楽四重奏曲ならば演奏してくれるアーティストがいる。イグナーツ・シュパンツィヒ弦楽四重奏団だ。

シュパンツィヒは、プラーターの食事会の事件のあと、すぐにベートーヴェンと和解した。詫びのしるしか、ベートーヴェンはこの盟友が率いる弦楽四重奏団に新作の初演を託しはじめた。弦楽四重奏団とは、ひらたくいえば弦楽器四台による音楽バンドだ。「シュパンツィヒ弦楽四重奏団」の結成はもう二十年以上前。歴史上初の本格的な弦楽四重奏団ともいわれている。メンバーは何度か交代しているが、一八二三年以降は、第一ヴァイオリンがリーダーのシュパンツィヒ、第二ヴァイオリンが新人のカール・ホルツ、ヴィオラとチェロは古株のフランツ・ヴァイスとヨーゼフ・リンケが務めていた。

『第九』で空前絶後の火花を散らしたあと、ベートーヴェンの音楽は他者を閉め出す

かのように内向的になっていった。こうした作品の演奏はエンターテインメント的なパフォーマンスとは正反対の難しさがある。シュパンツィヒたちは試行錯誤しながら、ベートーヴェンの新境地を表現しようと努めていた。ヴァイオリニストであるシンドラーとしても、彼らの室内楽演奏会の評判は気になるところだ。蚊帳《かや》の外の立場であるのは少々悔しい。

しかし、まさかこの弦楽四重奏団から、人生最大級の敵が出現するとは。とき、一八二五年。シンドラーは、恐ろしい噂を聞きつけて立ちすくんだ。ベートーヴェンのもとに、新しい秘書が仕えはじめた、と。

若き十字架、現る

シュパンツィヒ弦楽四重奏団の第二ヴァイオリニスト、カール・ホルツは、シンドラーより四歳年下だった。

また、ベートーヴェンが若造をナンパしてきた。そう揶揄されても仕方ないところだ。年齢は二十六歳。役所の会計課に勤めながら音楽活動に励むアマチュア・ヴァイオリニストだった。師のシュパンツィヒに気に入られて弦楽四重奏団の新メンバーとなり、ときおりオーケストラの指揮も担っている。

その名を耳にしたシンドラーははっと息を呑んだ。カール・ホルツ。聞き覚えがある。いや、それどころじゃない。会ったことがある。

『第九』の初演の準備が本格化しはじめた、一八二四年三月九日。ベートーヴェン、シュパンツィヒ、甥カール、弟ヨハンといったいつもの面子で、ガストハウス「星之館《ツム・シュテルン》」へランチに出かけたときだ。めいめい料理に手を伸ばしているさなか、背後から若い男の声が飛んできた。「シュパンツィヒ先生！」

振り返ると、そこにはちょっと驚くほどの美男子が立っていた。巻き毛の金髪に、つり目がちなブルーの瞳。「よう、奇遇じゃないか」シュパンツィヒは立ち上がり、その若者の肩を叩いておしゃべりに興じはじめた。いかにも世慣れた風情《ふぜい》のあるウィーン訛《なま》り。シンドラーにとってはもっとも苦手なタイプだ。生きている世界が違う。学生運動になんてハマらずに、ダンスホールで女とチャラチャラ踊ってるクチだ。

そのうち、シュパンツィヒが言葉遊びをまじえて若者を紹介しはじめた。「**これは俺の木製《ホルツエナー》の弟子、ホルツだ**」(9) 若者は目をきらきらさせて、なにやら感激したようにベートーヴェンに会釈している。こんな頭の軽そうなノンポリ風の青年も、ベートーヴェン・ファンなのか。意外といえば意外だが、なんとなくいやな心地がする。何か言わずにはいられない。どことなくご機嫌なベートーヴェンの前に、シンドラーはこんな言葉を書きつけたノートを置いた。

「このかわいい若者《ホルテン》の住所を知ってるんですか」(10)

「あの子の連絡先ゲットした？」――そんなニュアンスだろうか。さすがのベートーヴェンもシンドラーの第六感にぎくりとしたにちがいない。どういう意味だ、ばか！スプーンを取り落としそうになりながらそう言い返したかもしれない。なんてこった、あいつか！シンドラーは愕然とした。あの若造が、まさか自分の後釜につくとは。

ホルツは、週に何度くらいベートーヴェンの家に出入りしているのか。仕事だけでなく暮らしの面倒も見ているのか。甥のカールや弟のヨハンらとはうまくやっているのだろうか。気になって仕方がない。噂が聞こえてくると、思わず盗み聞きしてしまう。

飛び交う情報を総合するに、ホルツは見た目のチャラつき具合とは裏腹に、きわめて有能な秘書のようだった。特に出版交渉に長け、シュタイナーやアルタリアといった出版人たちは、ホルツが楽譜のミスをすぐさま発見するだけでなく、出版社の対応がいい加減だと検閲局にその様子をチクって修正の圧力をかけさせるなど、実に巧みに動くので、手ごわいやつだと感心しているという。百戦錬磨のウィーンの出版人た

ちが、あんな若造にしてやられているなんて。ベートーヴェンは彼を「キリストの最上の木の十字架《ホルツ》」と呼び、すっかり頼りきっているらしい。こっちは間抜けなパパゲーノで、あっちは神聖な十字架か。ひどい格差だ。やりきれない感情がシンドラーの胸に満ちた。

とはいえ、シンドラーのジレンマはそれほど長くは続かなかった。

一八二六年八月。ベートーヴェンとの訣別から二年あまりの歳月が過ぎた頃。

その大事件の報を聞きつけて、シンドラーは驚きのあまり飛び上がった。もはや遠慮している場合ではない。ベートーヴェンの家に駆けつけたシンドラーは、ノートを破るように開いた。

「**いつ、起きたんですか?**」(11)

鉛筆を走らせる。ひさびさの感覚だ。秘書として仕えたかつての日々がよみがえる。別人のように老け込んだベートーヴェンは、何も答えない。ただ泣き出しそうな顔で、首を振るばかりだ。

もっとも、いつ起きたかは、シンドラーもすでに知っている。なぜ起きたかが、わからないだけだ。

一八二六年八月初頭、とある日の明け方。ベートーヴェンの甥のカールが、ウィーン近郊の温泉地バーデンの山峡にある城跡で、ピストル自殺を図ったのだった。

第五場　鳴りやまぬ喝采

「今日はひどい雨なので、外に出るべきではありません。お加減にさしさわりがあるでしょうから」(1)

『ベートーヴェンの会話帳』より、アントン・フェリックス・シンドラーによるオリジナルの書き込み

ベートーヴェンとの再会は「ノート」との再会

会話をノートに書く。
それは消えていく「日常」を紙の上にとどめ、誰にでもアクセス可能にすることだ。
シンドラーはその素朴な事実にはじめて思い至った。

いちどベートーヴェンのコミュニティを去ったからこその発見だ。根掘り葉掘り、ベートーヴェンに事の仔細を尋ねるまでもなかった。彼と身辺者が交わした会話の数々は、紙の上にひととおり記録されている。

筆談の目的は、ベートーヴェンとのコミュニケーションだ。コミュニケーションを記録することではない。それにもかかわらず、紙という素材が偶然もっている特性ゆえに、書きつけられた言葉は時間を超えて保存され続ける。何年も、場合によっては何十年何百年も。

古新聞と大差ないようなぞんざいさで、ベートーヴェンの居室に積まれたノートの山。

ここに空白の二年間の秘密が眠っている。

シンドラーは、吸い寄せられるように、その山に手を伸ばしていた。

不在にしているうちに、冊数もずいぶん増えた。もう三百冊に達していようか。八年間のコミュニケーションの蓄積だ。シンドラー自身がかつてさまざまなおせっかいを書き込んだノートも、手付かずのままそっくり残されていた。

山の一番上にあるノートをめくると、すぐにカール・ホルツの筆跡とおぼしき書き込みに行き当たった。ガストハウスで出会ったときの快活なおしゃべりを思い起こさせる、角《かど》のない流れるような筆跡。シンドラーの細く神経質な字とはまったく対照的だ。胸のざわつきを抑えながら、そのノートを横にのけて、次のノートをめくる。また次。また次。……数えたところ、ホルツが登場するノートは三十冊近くに及んでいる。シンドラー自身が登場するノートは？　ざっくり四十冊くらいはありそうだ。勝った。一応は。ふたたびホルツの書き込みに目を落とすと、ある一節が目にとまった。まだベートーヴェンに仕えて間もない頃とみえる。

「僕はためしに彼〔カール〕と一緒にビアホールに行ってみました。どれくらい飲むか見てやろうと思ったんです。でも彼は、飲み過ぎたりはしなかったですよ」（2）

なんだ、これは。
甥っ子とビアホールに行っただと？
シンドラーも、何度かカールを演奏会や食事に連れて行ったりはした。ただしそれはあくまで秘書業務の一環としてだ。腕を組んで夜の街に繰り出すのとはまるでちが

う。だいたい、あの青年とサシでビアグラスを突き合わせたところで、どんな顔をすればいいのやらわからない。向こうも楽しくないだろうが、こっちだって楽しくない。

「こんどはビリヤードに誘ってみますね。そうすれば、彼が前からビリヤードをたしなんでいるかどうか、僕にはすぐにわかりますから」(3)

なんとまあ、遊びにも連れ出そうというのか！

ベートーヴェンはこれになんと答えたのだろうか。つい会話の続きを求めて目をさまよわせてしまうが、直後にあるのは「――――」という、会話の区切りを示す棒線だけだ。ああ、そうだった。ベートーヴェンは鉛筆を使わない。自分の口でしゃべる。だから肝心の彼のセリフは空気に溶けて永遠に消え去ってしまった。なんともったいない。なんと致命的な欠点だろう。シンドラーはいま完全に「読み手」の目線になっている。かつては、自分自身もノートの「書き手」のひとりだったというのに。

床に膝をつき、埃まみれのノートをぱらぱらとめくるにつれ、だんだんと内情が浮かび上がってきた。

「僕には計画があります。彼ともっと仲良くなりたいんです。僕は彼を味方にしたい。彼を理解し、彼の生活スタイルをもっとつぶさに知る。そうしたら僕は、彼に、友達としてアドバイスしてあげますから」（4）

カール・ホルツが秘書役として手を尽くしたのは、出版の交渉ではない。手紙の代筆でもない。ベートーヴェンの生活のお世話でもない。彼がもっとも力を注いだのは、ベートーヴェンと甥カールとの橋渡し役になり、彼らの関係を改善させることだった。

あなたにとってなんの得になるんですか？

ベートーヴェンの甥、カール・ヴァン・ベートーヴェンは、四年半におよぶ法廷闘争の末、ベートーヴェンに引き取られた子どもだった。

カールの父でありベートーヴェンの弟のひとり、カスパル・カール・ヴァン・ベートーヴェンは、ベートーヴェンと四歳違いの平凡な役人だった。音楽にはひととおり通じ、秘書として兄の仕事の手伝いをしていた時期もあったが、カールが九歳の頃に肺結核で世を去った。カスパルは、兄を妻ヨハンナとともに、ひとり息子の共同後見人として指定する遺言書を残した。兄からの経済的な支援を期待したゆえの行動だっ

た。まさか兄がこの遺言書を利用して、妻から子どもを奪おうとするとは考えもしなかっただろう。

独身で、子育ての経験があるわけでもなく、耳の病を抱え、不潔で、偏食家で、生活スキルを欠いたこの音楽家は、誰の目から見ても子どもの養育者には不適当だった。それなのに、ベートーヴェンは裁判に勝ってしまった。貴族裁判所から平民裁判所へ、さらに控訴裁判所へと争いの場を移すなか、文化人として培ってきたあらゆるコネクションを駆使した末の粘り勝ちだった。

当時は、親権を取れなかった親に対する権利保障は手薄だった。つまり、子どもは勝った側が独占できる。ベートーヴェンは、裁判の結果をふりかざし、母子の面会を禁止してしまった。だが、子どもは母親に会いたがるし、母親は子どもに会いたがる。ベートーヴェンはスパイのように目を光らせ、カールの日常生活を徹底的に監視した。母親やガールフレンドはもちろん、同性の友達との交友さえ制限した。

ベートーヴェンは、なぜ、甥に対して病的な執着心をもってしまったのか。彼自身が幼少期に父ヨハンから受けたスパルタ教育のトラウマが虐待の連鎖を生み、甥への過度な束縛につながったという見方が現在では一般的だ。カールが成長するにつれ、伯父と甥はたびたび衝突するようになった。

カールは幼い頃から軍人に憧れていた。ベートーヴェンはその希望を無視して、甥

をウィーン大学に入れ、学者になれと口酸っぱく言った。のちに実業学校への転校が許されたものの、伯父が干渉してくるのは進路ばかりではない。十八歳になろうというのに、誰とどこへ出かけるんだだの、小遣いは何に使ったのかだの、監視の目がついてまわる。心底うんざりだ。最近では、シンドラーとかいう男が家に出入りしており、どこからどうみても伯父に嫌われているというのに滅私奉公《めっしほうこう》さながらかいがいしく働いている。なんなんだよこいつ。ていうかマジでキモいんだけど。

そうこうしているうちに、そのおかしな男も追い出されて姿を消してしまった。待っていたのは、一対一で伯父と向かい合わねばならない日々だ。『第九』初演の準備をしていたときは、なんだかんだと人の出入りも多くてにぎやかだった。大イベントが終わったいまは来客もまばらだ。ノート一冊がほとんど自分の筆跡だけで埋まっていく。おまけに、シンドラーがそれまで身を粉にしてやっていた仕事やらお世話係やらが、ぜんぶ自分に降りかかってくる。これはこれでしんどい。どうにかならないものか。そう思っていた矢先、新しい秘書が彗星のように現れた。それがカール・ホルツだった。

ホルツのベートーヴェン家への介入は実に巧みだった。彼はカールの監視をベートーヴェンに約束しつつ、一方でカールをこっそりと伯父の束縛から逃がしてやった。

カールが通学途中で娼婦に誘惑されやしないかとベートーヴェンが心配すれば「彼がアルザーフォアシュタット〔ウィーン西部の地区〕から街を横切ったからといって、何がまずいというんですか」(5)とたしなめ、非行に走っていないかと疑心暗鬼になれば「彼はすごく優秀ですよ」(6)とフォローした。カールがダンスホールに行きたがれば「僕がちゃんとした舞踏会に連れていってやりますから」(7)と言って許可を取りつけてやろうとした。

ホルツは人心掌握に長けた男で、ベートーヴェンは出会って間もなくコロリとやられてしまった。ベートーヴェンが五線紙の前で奮闘していれば、「お仕事をなさるのなら、退散しますね。一時間経ったらお会いしましょう」(8)と気づかい、一段落ついた頃を見計らって、気晴らしの冗談を書きつけた会話帳をすっと差し出してくる。独身の中年男の共感を誘うポイントを完璧に心得ていて、「長いこと結婚について考えてきましたけど、もうやめちゃいました」(9)「恋人のところに行ったら、彼女の両親とカードゲームしなきゃいけないですからね!」(10)と皮肉を言ってベートーヴェンを大笑いさせる。そのくせちゃっかり銀行家令嬢の恋人を作って、「美人ってわけじゃないけど、家庭的で、教養が豊かな女性です」(11)とノロける一方、「やきもち焼いちゃダメだよ、って僕は彼女に言ってるんです。ベートーヴェンが僕の正妻ですからね」(12)としれっと言う。シュパンツィヒもホルツを買っていて「利発なやつ

でね」(13)と言っている。相当なおじさんキラーだ。

しかし、この最強のコミュニケーション・スキルをもってしても、ベートーヴェン家の宿命には勝てなかった。

会話帳は、ベートーヴェンと甥カール、そしてホルツの三人の関係の崩壊を生々しく記録していた。実業学校の近くの家に下宿していたカールは、だんだんと伯父の家に姿を現さなくなり、ホルツに対しても心を閉ざしてしまう。「**カールが兄貴のところにあまり来なくなったのはなぜなのか、こないだ真面目に話してみたよ**」(14)弟ヨハンも一度は間に入ったものの、埒《らち》が明かない。カールは言う。「**伯父さんが思っているほど僕は軽率じゃない**」(15)ほどなく、尋常でない大喧嘩が伯父と甥の間に発生した。「今日は落ち着いて口頭で話したい」「おまえが不幸になったり、俺の寿命を縮めるような行動はとらないでくれ」とベートーヴェンが手紙に書いているからには、カールが何がしか暴力的な行為に出たのだろうか。「俺たちふたりだけで話し合おう。H［ホルツ］は来させないようにするから。昨日のことは誰にも口外したくないと思っている」(16)

ウィーンの幸福な中流市民家庭で育ち、容姿にも性格にも恵まれたホルツのような男が、ベートーヴェン家の数世代にわたる暗いもつれを解こうとするのがそもそも無

謀だったのかもしれない。大人たちがその現実に気づいたときには手遅れだった。八月初旬の暑い盛りのある日、ホルツは、カールの下宿先の主人シュレンマーから、机の引き出しの中にピストルが入っていたという事実を聞かされる。青ざめてカールを捜し回り、一度は彼をつかまえて説得を試みたものの、目を離したすきに取り逃がしてしまった。おそらくベートーヴェンはホルツを責めたのだろう。「あなたであっても彼はうまいこと逃げたでしょう」(17)というホルツの苦しげな抗弁がノートに残っている。限界が近づいていた。ホルツは続けてこう書いた。

「彼は言いました。『あなたが僕を止めたところで、あなたにとってなんの得になるんですか？　きょう逃げなかったとしても、次の機会にはやってみせますよ』と」(18)

「あなたにとってなんの得になるんですか？」か。

俺にもさっぱりわからん、カール・ホルツ。いったいおまえにとってなんの得になる？

俺にわかるのは、それを考えだしたらベートーヴェンの秘書はつとまらないことだけだ。

シンドラーは、ノートを繰《く》った。

人びとが織りなす言葉のざわめきは、真っ白なページが現れたところで止まる。鉛筆を握りしめ、その新しい紙の上に言葉を綴った。ベートーヴェンの疲れ切ったまなざしが、自分の手の上に、すがりつくように注がれているのを感じながら。

「彼をウィーンから去らせて、安全な場所にやるしかないですね」(19)

カール・ヴァン・ベートーヴェンは死ななかった。

引き出しに隠していたピストルを奪われた彼は、懐中時計を質屋に預けて、代わりのピストルを手に入れた後、バーデン行きの馬車に飛び乗った。そして翌朝ラウエンシュタイン城跡に上り、朝日を浴びながら、こめかみにピストルを押し当てた。

幸い、カールはピストルの扱いに慣れていなかった。一発目は大きくそれ、二発目は頭皮を裂いて頭蓋骨にめりこむにとどまった。血まみれで倒れているところを、荷馬車の御者に発見された。運び込まれたのが伯父の家ではなく母親の家だったのは、青年の意識がはっきりしていた証拠だ。本人が希望しなければ、法律上の養育者のもとにまず連絡が行ったはずなのだから。

十九歳の青年は一世一代の賭けに出たのだ。彼が時計を質入れして手に入れたのは、ピストルではない。自分の人生だ。

カールは命をかけて伯父を拒絶し、自分の意志を示したのだ。

シンドラーはすでに悟っていた。

最愛の甥に自分を否定されたショックを慰めるために、自分はふたたびこのノートの上に召喚されたのだと。

ベートーヴェンを慕い、忠実に付き従う秘書として。

甥カールの処遇

シンドラーがベートーヴェンとふたたび距離を縮めつつあった頃。

ホルツは、やれ病院だの、やれ警察だのと、四方八方に奔走していた。カトリック国であるオーストリアでは自殺が禁じられている。そのため自殺未遂者は、改心が認められるまで市民裁判所から派遣された司祭の監視下に置かれることになる。罪人も同然の扱いだ。当局がなるべく寛大な措置をとってくれるように、ホルツは持ち前のスキルを発揮して交渉にあたった。

その一方、カールの今後に対するホルツの意見は非常に冷酷だった。「軍隊」――その言葉が会話帳に書き込まれるのを見て、ベートーヴェンは腰を抜かしたにちがいない。はじめて甥から将来の夢をほのめかされたときと同じ反応だ。ばかな。どこの保護者が、好きこのんで子どもを戦場で殺したがるんだ？

シンドラーの胸中はやや複雑だった。カッコ良かったリュッツォウ義勇部隊を仰ぎ見た世代としては、若者が軍人に憧れる気持ちはわからないでもない。それに自分だって親の希望を無視して大学を去った身だ。いまさらながらにカールの心情をおもんぱかる気も湧いてくる。本人がその道をそもそも望んでいたのならば、入隊も致し方ないのではないか。「**街じゅうがこの事件の話で持ちきりです**」(20)「**どうあろうと、ウィーンから去らせるしかないかと。ここと比べたらどの場所もましですよ**」(21)と、彼は会話帳に書き込んだ。消極的賛成というやつだ。

対するホルツは、もっとかたくなに甥の入隊を主張した。「**こうまではっきりと恩知らずなさまを見せつけられたんですよ。これからも彼を手元に置きたいなんてどうして思うんですか。いちど軍隊に入ればきびしい訓練を受けさせられるわけですし、小遣いを毎月ちょっと与えてやればすみますよ**」(22)つまりは、罰として軍隊に行かせろと言っているわけだ。あれほど手をかけてかわいがっていた青年をだ。せっかく情をかけてやったのに、という怒りがそうさせているのだろうか。いまどきの若者の

思考はよくわからない。

だからこそ、ある日、ホルツがかねてから交際していた銀行家令嬢と婚約したという噂を耳にすると、何もかも腑《ふ》に落ちたような気になった。結婚！　なるほど。手に負えなくなった伯父と甥はさっさと引き離して、自分自身もベートーヴェン家からフェードアウト。健やかで楽しい人生の本命ルートに戻ろうというわけか。

しかもホルツは、カールの新たな後見人になってほしいとベートーヴェンから相談されたにもかかわらず、結婚を理由にすげなく断ってしまった。いよいよ撤退の気配濃厚だ。さらば、カール・ホルツ。おまえ案外、非情なやつだったな。シンドラーはつぶやいた。あとは俺に任せるがいい。自分もベートーヴェンも、あいにく、結婚とは縁遠い男なのだから。

鳴りやまぬ喝采

ところが、またも予想外の事件が起きた。

自殺未遂から二ヶ月後の九月末。ベートーヴェンと甥カールは、末の弟ヨハンから招待を受けて、彼の持ち家があるグナイクセンドルフに旅立った。

グナイクセンドルフはウィーンから馬車で一晩がかりの距離にある小さな村だ。カールの入隊先はすでに決定しており、出発までにしばらく時間がある。ベートーヴェン家の最後の水入らずのひとときというわけだ。カールの頭にはまだ傷跡が残っていたので、それを衆目から隠す目的もあった。

当初の滞在予定は二週間だった。しかし、一ヶ月を過ぎてもふたりはウィーンに帰ってくる気配がない。やきもきして帰りを待っていたシンドラーの耳に、とんでもない一報が舞い込んだのは十二月の初頭だった。慌てふためいて、ウィーンの住まいであるシュヴァルツシュパニエルハウスに駆けつけたときには、もうホルツが始末をつけており、ベートーヴェンは医師からの診察を受けて寝ていた。聞くところによると、あれほど村での滞在を引き伸ばしたくせに、田舎暮らしが突然いやになってしまい、寒風むきだしの馬車に乗りこんで無理に帰ってきたせいで、肺炎になってしまったのだという。最悪だ。しかも、結局、ピンチの時には自分よりホルツを先に呼ぶのか。

くさくさしている場合ではない。ベートーヴェンの病状は想像以上に深刻だった。血を吐いたり、腹痛にもだえたりの阿鼻叫喚が数日あまり続き、腹には水がたまってふくれだしていた。十二月二十日頃に、腹水《ふくすい》を排出するための手術が行われた。弟ヨハン、甥カール、それにシンドラーが立ち会い、部屋の外で結果を待った。

手術の効果はいまひとつだった。それでも、年明けにカールが士官の卵としてボヘ

ミアのイグラウに旅立ったときには、これが今生《こんじよう》の別れになるとはふたりとも想像もしていない様子だった。カールは手紙をまめに書くと約束し、因縁の伯父と甥は、きわめて和やかに別れた。

その後行われた二回目の手術も大きな効果をもたらさず、シンドラーは主治医とは別の医師を呼び寄せた。やってきた医師は、病人の苦しみをやわらげるための最新の療法によく通じており、おかげでベートーヴェンの調子はわずかながら回復した。

病床でベートーヴェンの看護をしていた人びとのなかには、シュテファン・フォン・ブロイニングと、その息子の姿もあった。シュテファンは、ベートーヴェンと同郷のボン出身の、四十年のつきあいになる腐れ縁の友人だ。息子のゲルハルトは十三歳のかわいらしい少年で、無邪気に石板やノートにおしゃべりを書き綴って、ベートーヴェンの心をなごませた。この少年はどういうわけか陽気なホルツを嫌い、仏頂面のシンドラーの方になついていた。味方が増えて、シンドラーの心も穏やかになった。

ベートーヴェンのシンドラーへの態度も別人のように変わった。当たり散らしたりわがままを言うのは相変わらずだったものの、かつての冷然とした態度はなくなった。身辺になくてはならない存在としてシンドラーを素直に頼り、ときには感謝の念を示すようにさえなった。音楽家ヨハン・ネーポムク・フンメルに付き従って病床を見舞

った弟子のフェルディナント・ヒラー少年は、ふたりの話題がシンドラーに及んだとき、ベートーヴェンがしみじみとこう言うのを聞いた。

「あれはいいやつで、これまで俺のためにたいへんな面倒を引き受けてくれたんだ」(23)

死の床にあってこの人は、自分に愛を与えて世を去ろうとしている。その奇跡を、シンドラーは静かな驚嘆とともに受け入れていた。まさか、最後の最後にこんな日々がやってこようとは。四ヶ月弱に及ぶ長い看病と介護のあいだ、シンドラーは秘書生活のなかでもっとも穏やかな心境にあった。

三月半ばになると遺言書の話が持ち上がった。全財産を甥に相続させるという最低限の内容を記した下書きがブロイニングによって用意された。いくらかの現金と、七千七百四十一フロリンCM(協定貨幣)に相当する七枚の銀行株券。それが彼の全財産だ。ベートーヴェンは借金まみれで死んだ先輩モーツァルトとは違って、なんとか黒字決算で人生を終えようとしていた。ボンの元宮廷音楽家がウィーンでフリーランスに転身して、あれこれ試行錯誤した末に、一応は人生の賭けに勝った。じゅうぶんに誇っていい戦果だ。

自筆譜は？　出版譜や書籍は？　手紙は？　あいにく、そこまでは誰も気が回らない。なるようにするしかないだろう。ブロイニングと弟ヨハンとシンドラーの三人がかりでベートーヴェンの身を起こし、ペンを渡す。かつて傑作の数々を書き綴った太い指が、苦しげにふるえながら、紙の上にゆっくりと文字を綴っていく。……と思いきや、間違えた。「嫡出《ちゃくしゅつ》の子孫」と書くべきところを「当然なる相続人」としている。三人が口々に指摘すると、ベートーヴェンはまだ元気だった頃のように、渋面をこしらえながら「同じようなものじゃないか」と言い張った。わざと間違えたか。あるいは、実子ではない相続人カールを彼なりに気遣ってのことか。最後のわがままというやつだ。一同がやれやれとため息をつき、一仕事を終えたベートーヴェンを横たえさせると、彼はふいに唇をもぞもぞと動かし、へたくそなラテン語を口にした。

彼は終焉を意識しています。昨日、私とブロイニング氏に向かってこう言ったのです。
「諸君、喝采せよ、喜劇は終わりだ」と。(24)

シンドラーは気がふれたかのようにペンを走らせた。
手紙の宛先はロンドン在住の音楽家、イグナーツ・モシェレス。ロンドン・フィル

ハーモニック協会のメンバーのひとりで、ベートーヴェンの見舞金に関して何度かやりとりをしていた相手だ。ベートーヴェンの病状。そして、辞世の句のような意味深な言葉。書き始めたら止まらない。紙の表裏の隅から隅まで、ぎっしりと細かな文字が並んだ。

連日の看護で、身体はくたくただ。それなのに、なぜ自分はこんな風に、モシェレスに事細かにベートーヴェンの様子を知らせようとしているのだろう。百ポンドもの見舞金を送ってくれた協会への義理立てか。あるいは、死にゆく人への想いを誰かと共有したいのか。必ずしも、それだけではない。

誰かにベートーヴェンのことを書いて伝える。

それは、ベートーヴェンの身の回りの世話をしたり、演奏会や出版の手助けをする、これまでの「秘書業務」とはまったく別の行為だ。

やらねばならないわけでは決してない。にもかかわらず、どうして、このペンを止められないのだろう。

*

シンドラーがモシェレス宛の手紙を書き終えた三月二十四日の夜。

ベートーヴェンはとうとう昏睡状態に陥った。

壁を震わせるようないびきと呻きが、部屋じゅうに響き渡っていた。弟ヨハン、家政婦、看護師に医師、ヒュッテンブレンナーをはじめとする数人の客人、ブロイニング父子、それにシンドラーといった人びとが交代で死の床に寄り添った。いつそのときが来てもおかしくない。覚悟はしていたが、いつなのか見当がつかないまま二晩が過ぎた。全員の疲労が限界に達した頃、シュテファン・フォン・ブロイニングは、断腸の思いで、自分は墓地の選定に出かけると言った。シンドラーもそれに付き添う決意をした。

ブロイニングはすでに墓地の目星をつけていた。ウィーン西方のヴェーリング地区にうってつけの場所があるという。馬車に乗り込むや否や、天候はみるみるうちに悪くなっていった。三月後半のウィーンはまだ寒空だ。数日前に降った雪が路上にとどまっている上に、強風が吹き荒れ、天からは雷鳴までとどろきはじめる。墓の場所を決めた頃には、もうベートーヴェンの家があるアルザーフォアシュタットまで戻れるような天候ではなくなっていた。ブロイニングとシンドラーを乗せた馬車は、墓地の近くで立ち往生してしまった。

暗い空に稲妻が光り、暴風が地面に溜まった雪を空高く巻き上げた。もう臨終には

立ち会えないかもしれない。そんな予感を抱かせるにはじゅうぶんな空模様だった。おい。おまえはまた、お天道様のせいにしようとするんだな。そんなベートーヴェンのしわがれた声が聞こえてくるかのようだった。そう、いつも私たちは天気に運命を引き裂かれるんです。雷鳴は、あたかも喝采のように、シンドラーの耳の裡《うち》にこだまし続けていた。

間奏曲　そして本当に盗人になった

「後世に名を轟かすこの芸術家の目を閉じてあげたのは自分だと誇れるほど、私は幸運ではなかった」(1)

アントン・フェリックス・シンドラー『ルートヴィヒ・ヴァン・ベートーヴェン伝』(第一版)

葬送ならざる葬送

これはもはや葬儀ではない。

アントン・フェリックス・シンドラーは、万感の思いに打たれながら、その異様な光景を三階の窓から見下ろしていた。

シュヴァルツシュパニエルハウスの周りを埋めつくした人、人、人。一万人、いや、もう二万人に達しているだろうか。東はショッテン門、南はヨーゼフシュタット、北

東はレオポルトシュタット。四方八方から人の波がとめどなく押し寄せ、ルートヴィ
ヒ・ヴァン・ベートーヴェンの棺（ひつぎ）を見送ろうとしていた。

　これはもはや葬儀ではない。ウィーンじゅうのありとあらゆるアパートメントから、
階段を降りるひたひたという足音がきこえてくる。細い小路を抜けて大通りへ出た人
びとは、ときおり意味ありげな目配せを交わしながら、市壁の西側にあるアルザーフ
ォアシュタットへ向かって歩んでいく。まるで、暗に示し合わせて政治デモに連れだ
っていく人びとのように。

　これはもはや葬儀ではない。ただの音楽家の死ではない。天変地異や革命にも相当
する出来事が起きた。そんな確信なくして、ひとはわざわざこんな風に群れを成して
集まってきたりはしない。

　館の前にひしめいているのは、文化人や熱心な音楽ファンばかりではない。学校の
先生に引率されて、遠足に行くかのようにはしゃいでいる子どもたちもいる。まとう
喪服もなく、薄汚れた身なりで葬列に連なる貧しい人びともいる。みな、一度でもベ
ートーヴェンの音楽を聴いたことがあるのだろうか？　そんな疑いを抱きたくなるほ
どに多種多様な人びとが、警備役の軍隊さえも手こずらせながら、ベートーヴェンの
亡骸（なきがら）に触れようと四方八方から手を伸ばしている。

　ああ、あなたがたはどうして、三年前の『第九』再演のときには来てくださらなか

ったのですか？　そんな恨み節も、これほどの絶景を前にすると潮が引くように消え去っていく。

フランツ・グリルパルツァーに追悼文の執筆を依頼したのは正解だった。グリルパルツァーは、ウィーン生まれウィーン育ちの気鋭の劇作家だ。実現には至らなかったが、ベートーヴェンとオペラの共同制作を構想していた時期もある。三十代半ばで、ベートーヴェンよりも自分の方が年齢が近い。同世代の文化人がベートーヴェンの死に接してどんなショックを受け、どんな嘆きの言葉を綴るかは想像がつく。家に出向いて訃報を告げると、グリルパルツァーは紙の上にぼろぼろ涙を落としながら長い追悼文を書き上げた。

われわれは、去りゆく彼の墓前に立ちつつ、ドイツ国民のすべてを代表して、祖国の芸術や精神の血脈のきらめきの残照から、もっとも偉大な片割れを失ったのを悼《いた》む。

葬儀の会場としてアルザー通りの三位一体教会を選んだのも正解だった。沈みつつある春の陽を追いかけるように、教会からヴェーリング地区の墓地まで、東西三キロ

に及ぶ葬列が続くさまは圧巻だった。棺が墓地の門前までたどりつくと、悲劇俳優のハインリヒ・アンシュッツが、グリルパルツァーの書いた追悼文を朗読した。その周りを、司祭や教会の関係者、ベートーヴェンの弟や友人知人とともに、名だたる音楽業界人が取り囲む。シュパンツィヒ弦楽四重奏団のメンバー、出版人のハスリンガーやシュタイナー、ピアノ製作者のシュトライヒャーやグラーフ、それから弟子のチェルニー。若きフランツ・シューベルトの姿もある。いずれも、松明《たいまつ》を掲げ、従者のように彼の棺に付き添ってきた面々だ。ベートーヴェンの病床を見舞ったフンメルは、月桂樹を墓に供える役目を担っていた。

——彼はなおも生きており——かつまた、永遠に生き続けるのだ！　——ドイツの言葉と語調にて歌えるこの英雄は。

憂いを帯びた声が、ここに集う人びとの心を代弁するかのように響き渡る。偉大なるドイツの英雄を見送る、二万人のドイツの民。なんというすばらしい演出だろう。ベートーヴェンが亡くなってからの三日間、ブロイニングと二人で、寝る間も惜しんで葬儀の準備に手を尽くしてきたかいがあった。

ほっと胸をなでおろす。追悼文の一節が、心にいっそうしみとおった。

彼は死に至るまで、すべての人に対して人間の心を失わず、父のごとき情でもって、全世界に価値と血とをそそいだ。(2)

「すべての人に対して人間の心を失わず」……

それは決して嘘ではなかった。シンドラーの手の内にも、その証拠がひとつあった。新しい演奏会の企画だ。ゲストは、ヨハン・ネーポムク・フンメル。北方のヴァイマールからウィーンまではるばる見舞いにやってきたフンメルに、病床のベートーヴェンが出演を頼んでくれたのだ。自分の代わりにわが秘書の助けになってくれないか、と。

あのフンメルが往年の良きライバルの死を悼んでピアノを弾く。その噂は葬儀の感慨さめやらぬウィーン市民の間にあっという間に広がり、四月七日のヨーゼフシュタット劇場は多くの客でにぎわった。ベートーヴェンの序曲が演奏されたあと、数年前に故郷のメードルからやってきたソプラノ歌手の妹マリーが、合唱つきのアリアを一曲歌った。プログラムのいちばん最後にフンメルが登場し、ベートーヴェンの『交響曲第七番』の第二楽章を葬送行進曲のような荘重さでもって奏でた。

ヴァイオリンを胸に抱えたまま、その演奏を舞台袖から見守る。熱い想いがこみあ

げた。振り返れば、この五年弱、自分はどれほどベートーヴェンに苦しめられてきただろう。愛よりも憎しみがまさった瞬間さえあった。けれど、ベートーヴェンは人生の最後に至って、自分のためにこんな美しい贈り物を遺してくれた。

その思いに応えるために、自分もまた、音楽家の端くれとしてこれからの人生を全うしようじゃないか。ベートーヴェンを愛するとは、すなわち彼の音楽を表現することだ。ヴァイオリニストとして彼のメロディを奏で、指揮者としてオーケストラを導く。そんな光に満ちた音楽人生を歩んでいこうではないか。

願わくば、彼が生きたこのウィーンで。

そして本当に盗人になった

演奏会から二ヶ月後の一八二七年六月四日。シュテファン・フォン・ブロイニングが、ベートーヴェンのあとを追うように急死した。

まさか、三月も経たずに再び喪服に袖を通すとは。十三歳にしてフォン・ブロイニング家の当主となったゲルハルト少年を励ましつつ、シンドラーは複雑な心持ちで葬儀の列につらなった。

亡きブロイニングは、甥カールの後見人であり、ベートーヴェンの遺品整理を靴下

一足から自筆譜に至るまで取りしきる現場監督者でもあった。その重労働による疲労がたたって、持病の肝炎を再発させてしまったのだ。数少ない味方であるブロイニングが、よもや、こんなタイミングでいなくなってしまうとは。

さらに、とんでもないニュースが飛び込んできた。なんと、あのカール・ホルツが、ウィーンの有名音楽出版社アルタリアと組んで『ルートヴィヒ・ヴァン・ベートーヴェン伝』の刊行を目論《もくろ》んでいるというのだ。しかも、生前のベートーヴェンから執筆の許可も取りつけているという。

にわかには信じがたい話だ。

だが、現実は容赦ない。一枚の書面が、故人からのメッセージとして堂々と掲げられた。

友人カール・ホルツは、将来刊行されるであろう私の伝記を自分に任せてほしいと述べている。人びとが望むならば、それを受け入れることは私にとってやぶさかではない。また、この目的に対して私が提供するものすべてを、彼は歪めたりせずに後世に伝えるであろうと全幅の信頼を置いているので、私は彼が望む声明を喜んで与えることにする。

ウィーン　一八二六年八月三十日
ルートヴィヒ・ヴァン・ベートーヴェン(3)

文面は、ベートーヴェン本人ではなくカール・ホルツが用意したものとみえ、ご丁寧に鉛筆で下書きをした痕跡まである。しかし乱雑きわまりないペン書きは、間違いなくベートーヴェン本人の真筆だ。

自分のあずかり知らぬ間にこんな許可状が発行されていたとは。カール・ホルツ。これがおまえの目的だったか。俺の前では何事もないような顔をして、裏で平然とこんな抜けがけをしていたとは。

しかも、一八二六年八月三十日! ホルツが結婚を理由に秘書を退こうとしていたまさにそのタイミングじゃないか。要するに結婚というのはただの言い訳で、この書面を手に入れるや否や、さっさとトンズラしたというわけか。

それにしても、なぜホルツはベートーヴェンの伝記なぞを書きたがっているのだろう? その謎の答えに思い至って、シンドラーはさらに青ざめた。八月三十日。カールの自殺未遂事件が起きてから一月もたたぬ頃だ。当時のホルツはカールを徹底して非難し、軍隊に入れてしまえと主張していた。ベートーヴェンの無実を主張し、名誉を守らねばという使命感にかられて、ホルツは執筆を思い立ったのだろうか。

しかし、ホルツの意図が実はまったく逆だったとしたら？　もしあの男が内心ではずっとカールに同情していて、ベートーヴェンではなくカールを擁護するための伝記を書こうとしているのだとしたら？　不条理な裁判、母子の強引な引き離し、常軌を逸した干渉。あれらの出来事をすべて「歪めたりせずに」世の中に公表しようとしているとしたら？　ありえない話じゃない。これまでだって、ずっと、やつはベートーヴェンと甥の間で二枚舌をつらぬいてきたじゃないか。

ああ、偉大なるマエストロ。なぜホルツに死後の命運を託したりしたんですか。なぜ俺を裏切ったんですか。俺はあなたを決して裏切ったりしないのに。あなたのことを悪く言うやつはナイフで刺してやる。それが俺の信念です。死ぬ前に愛を示してくれたのは、俺への裏切りを償う気持ちからだとでもいうのですか。なんという失態をやらかしてくれたんですか。あんな小悪魔にそそのかされて。

でも……あなたはもう死んでいる。

そう、もうベートーヴェンは死んでいる。ベートーヴェンは、当事者でありながら完全に蚊帳の外だ。ベートーヴェンの盟友のブロイニングも。なんという悪しきタイミングだろう。かつてブロイニングの手中にあった遺品の数々は、新しくカールの後

見人となったヤーコプ・ホチェバールを介してホルツらのもとに渡ろうとしていた。
すでにホルツは、ウィーンの楽壇の面々に声がけをして「伝記プロジェクトチーム」を組織していた。出版予定は一周忌にあたる一八二八年三月。アルタリア出版社に勤める文筆家のアントン・グレーファーが著者として担ぎ上げられた。文章の作成はプロに託そうというわけだ。とはいえグレーファーは、生前のベートーヴェンとそこまで親しかった人物ではない。ホルツの指示と情報ソースの提供なしには動けないだろう。操り人形も同然だ。

もうベートーヴェンは死んでいる。
その事実にシンドラーはいまいちど直面していた。

これからはベートーヴェン自身ではなく、あとに残された者たちが「ベートーヴェン」のなんたるかを世にプレゼンテーションしていく時代が始まる。音楽に関してだけではない。なにげなく発した言葉、家族や友人との関係、飲み食い、住まい、金回り、笑いと涙、つまりは揺りかごから墓場までのすべてをだ。

だとしたら、自分には何ができるだろう。

手元には、これまでに受けとった自分宛の手紙の束と、譲り受けた楽譜が数点。それから、持ち出したままになっていた第三者宛の手紙が二通あるきりだ。ベートーヴェンの死の翌日、ひょんな経緯で見つかったものだ。彼が遺した銀行株券を、ホルツやブロイニングらと探していたときのこと。「秘密の引き出し」と呼ばれていた、書き物机の左側の隠し戸を開けると、株券と一緒にその手紙がひらりと床に舞い落ちた。一通は、ベートーヴェンが若き日にハイリゲンシュタットで書いた、難聴の苦しみを訴える手紙。もう一通は、なんとラブレターだ。宛先は不明だが「不滅の恋人よ」と書いてある。マジかよ。とりあえず見なかったふりをしよう。そう思って鞄に突っ込んだきりになっていた。

成り行き上、これらはしれっと貰っておいても罪にはあたるまい。それ以外のほとんどの書面は、ウィーンの伝記プロジェクトチームに渡ってしまうだろう。資料の大半を取られてしまうのでは、彼らに対抗して新しいチームを立ち上げるのもままならなさそうだ。

いや……

ある。あるぞ。手つかずの膨大な資料が。

あの筆談用の「ノート」だ。

誰も思い出しもしまい。それどころか、保管されている事実すら知るまい。そもそも誰も、あれに価値があると思ってはいまい。ベートーヴェン本人のセリフがたくさんあるならまだしも、ほとんどが、ベートーヴェンの取り巻きどもの雑多な書き込みにすぎないのだから。

わかっているのは、おそらく自分だけだ。あのノートが、捨てられずにほとんどすべて残っていることを。ベートーヴェンの言葉が存在しないという欠点こそあれど、彼の人生をたどる上で、ある程度は使いようがあることを。

当面はバレやしないだろう。

もし、自分がこっそりと持ち出したとしても。

ベートーヴェンの遺品のうち、楽譜などの重要書類の価格査定は、アルタリアやチェルニーなどの立会人をまじえて八月十六日に行われる予定となっている。それまでに運び出して隠してしまえば、誰かがうっかり思い出しでもしない限りはそのまま調

査の目をすり抜けられる。みんな貴重な自筆譜や印刷譜やらのコレクションに夢中で、がらくた同然のノートなぞ思い出しもしないだろう。

それに、あのノートを査定対象に加えて競売にかけたところで、いったい誰が正当な価値判断を下せるというのだろう。下手したら、一冊ごとに安価で叩き売られてしまう可能性もある。いったん散り散りになったら、もう集めることは不可能だ。それでもホルツの手に落ちてしまうよりはマシかもしれないが、あのノートを価値ある存在として守れるのはノートの価値を知っている俺しかいない。

そう、これは守るため。

あくまでも、ルートヴィヒ・ヴァン・ベートーヴェンを守るためだ。

ああ、それなのに。

ノートの表紙に触れるこの手は、持ち上げるこの手は、旅行鞄に一冊一冊詰めていくこの手は、なぜこんなにも汗をかいて震えているのだろう。

罪に手を染めるのがそんなに恐ろしいか。かつておまえは、ベートーヴェンから金を盗んだと言いがかりをつけられて、ショックを受け、怒り、そして深く傷ついた。

もう、あのときのベートーヴェンを恨む資格はなくなった。おまえは本当の盗人になってしまった。

もう、これまでの、清く正しい下僕だったおまえは二度と戻ってこない。

ウィーンを去れ。もうここにはおまえの居場所はない。

そして、観念して、悪の道を往《ゆ》け。

アントン・フェリックス・シンドラー。

バックステージⅠ

二百年前のＳＮＳ——会話帳からみえる日常生活——

「〈会話帳〉の最大の価値は、そこに書き留められた日々の苦労、ゴシップ、悪意やユーモアなど、瑣末《さまつ》なことにあるように思われる」（1）——音楽研究者ニコラス・マーストンはそう言った。衣食住から人間関係のごたごたまで、くだけた会話体で記録されているさまはまるで二百年前のＳＮＳだ。教育を受けていない家政婦の間違いだらけの綴りや、子どもの可愛らしい筆跡なども、音楽資料の域を超えた興味をかきたてる。このコラムでは、ベートーヴェンや秘書の日常生活がうかがえる箇所をピックアップして紹介する。

食事

「パンスープ、肉のオゼイユ添え、白カブと小さな魚、コイの黒ソースがけ」

（甥カール・ヴァン・ベートーヴェンによるオリジナルの書き込み）（2）

「食」は会話帳を彩る主要な話題のひとつだ。秘書や友人たちと連れ立って食事に出かけるとなれば、スープに始まり、カワカマス、コイ、カキなどの魚介料理、仔牛、鹿、野鳥などの肉料理ほか、多種多様な食材や料理の名前がノートの上に躍る。野菜はホウレンソウやジャガイモが多く、現代でもドイツ人やオーストリア人の大好物であるアスパラガスは、当時から春の食材として人びとに愛されていた。日本でいえば、タケノコの位置づけだろうか。

もっとも、ウィーンの名物として知られるヴィーナー・シュニッツェル（叩いて薄くした仔牛のカツレツ）やザッハートルテ（アンズジャム入りのチョコレートケーキ）は、ベートーヴェンの生前にはまだない。「シュニッツェルン（Schnitzeln）」という言葉はよく登場するが、これは単に薄切り肉を用いた料理もしくは調理法を指すようだ。

ウィーン人は大食漢で、レストランで供される昼定食は四皿から六皿に及んだ（甥カールによる先の書き込みも昼定食の一例である）。胃腸が弱いベートーヴェンにとっては、外食はたまの楽しみで十分だっただろう。自宅ではもっぱら、「卵入りパンスープ」などの、新鮮な食材を使った素朴な料理を好んだ。ライバ

ル音楽家・ロッシーニの華麗なる美食生活とは対照的だ。そんなマエストロの嗜好に応えるべく、シンドラーもホルツも、優秀な家政婦や料理女を探す役目をしょっちゅう仰せつかっていた。ベートーヴェンは料理レシピにも興味を持っており、新聞で見つけたとおぼしきベストセラー料理書の名前を会話帳にメモしている。もっとも、彼自身が台所に立ってこしらえた料理は「煙突でいぶしたかのよう」(3)なひどい代物であったと伝えられている。

飲み物

「あなたはいつもコーヒーをご自分で淹《い》れているんですか?」

(音楽出版人モーリッツ・シュレジンガーによるオリジナルの書き込み)(4)

ベートーヴェンがコーヒー豆の数にこだわりを持ち、いつも一杯につき六十粒を数えて淹れていた、という有名なエピソードは、シンドラーが『ベートーヴェン伝』(第一版)で世に広めた。弟ヨハンも「**俺たちの朝用に百二十粒の豆があるぜ**」(5)と言っていることから、この話はどうやら真実のようだ。ベートーヴ

ェンが自分でコーヒーを淹れていたことは、会話帳の随所からうかがえる。彼は蒸気で抽出する最新式のコーヒーメーカーを欲しがっていたらしく、商品情報を書き写したメモも残されている。

会話帳には、ワインやビールといったアルコール飲料はもちろん、「田舎で飲める生の牛乳」「鉱水（ミネラルウォーター）」などの健康志向の飲み物もよく登場する。現代なら、青汁やスムージーが話題にのぼっても不思議ではないだろう。

住まい

「家が手に入ったら、シンドラーに合鍵を渡さなきゃだめだぜ」

（弟ヨハン・ヴァン・ベートーヴェンによるオリジナルの書き込み）(6)

ベートーヴェンは引っ越し魔で、ウィーン在住の三十五年間で七十回以上も転居した。もっとも、江戸の町民がそうであったのと同様、当時のウィーン市民は誰もが気軽に引っ越しをしていたようだ。ベートーヴェンは、夏になるとバーデンなどの郊外の保養地に居を移すため、その期間はふたつの家を借りていることも多かった。

家探しとなると秘書が駆り出されるのはお約束（66ページ参照）だが、ベートーヴェンとシンドラーは短期間ながら一つの家で共同生活、今風に言えばルームシェアをしていたこともあった。一八二三年の春の会話帳には、その一件をめぐる書き込みが随所に見られる。なお冬になると、暖炉で燃やす薪の購入もよく話題にのぼっている。

交通

「今日は辻馬車が恐ろしく高くて、ヨーゼフシュタットからここまで四フロリン三十クロイツァもかかりました。道が悪いせいです」（秘書アントン・フェリックス・シンドラーによるオリジナルの書き込み）(7)

オーストリアに鉄道がはじめて開通したのは、ベートーヴェンの死から十年後の一八三七年。現在ではウィーンの街の至るところを走る路面電車も当時はない。市内交通は馬車か徒歩の二択だ。シンドラーが住むウィーン西部のヨーゼフシュタットから、ベートーヴェンがこの当時住んでいた南部のマリアヒルフまでは、

徒歩で二十分程度だが（7ページ下の地図参照）、大雪でも降った日には、歩けないし馬車も高いしで大変だ。シンドラーも、先のような通勤の愚痴を書き残している。

お金

「180
180
180
180」
（ベートーヴェン本人によるオリジナルの書き込み）
「720」
（秘書カール・ホルツによるオリジナルの書き込み）(8)

会話帳は、ベートーヴェンのメモ帳として代用されることがあった。もっともよく現れるのがお金の計算だ。当時の貨幣単位はきわめて複雑で、主単位である「フロリン」にも、「ウィーン通貨（WW）」と「協定貨幣（CM）」の二種類があった（一フロリンCMが二・五フロリンWWに相当）。またこれとは別に「ドゥカーテン」という単位もあり、一ドゥカートが四・五フロリンCMに相当した。

ただでさえややこしい上に、ベートーヴェンは計算が大の苦手で掛け算ができない。右は、掛けたい数字を書き連ねて途方にくれていたところを、ホルツが代わって「720」と答えを出してあげた書き込みと推測される。会計課の役人はベートーヴェンにとって頼りになる人材だったにちがいない。

ちなみにホルツの役人としての給与は「七百フロリンCM」。インフレ・デフレの波が激しかった当時の貨幣価値を現代の円やユーロに換算するのは難しいが、シュパンツィヒが「**若者だしな**」(9)と言っているところからみると、これはかなりの薄給だったようだ。

衣服

「**ああ偉大なるマエストロ、黒いフロックコートを持っていないなんて！緑でもなんとかなりますが、黒は数日内にあつらえますよ**」

(秘書シンドラーによる改竄の書き込み)(10)

晩年のベートーヴェンはきわめて無頓着だった。右のセリフは、一八二四年の『第九』の初演に際して、シンドラーが衣装選びで世話をやいている（90ページ

参照）――ように見えるくだりだが、実はこれはベートーヴェンの死後にシンドラーが書き加えた改竄箇所だ。ただし、直前に「**劇場は暗いでしょうから、誰にも見えやしませんよ**」(11)というシンドラーのオリジナルの書き込みがあることから、改竄のセリフに近いやりとりは一八二四年に実際に発生していたと推測される（このようにシンドラーの改竄には、必ずしも事実無根とはいいきれない箇所も少数ながらあり、会話帳の解読をより困難にしている）。

第二幕

嘘

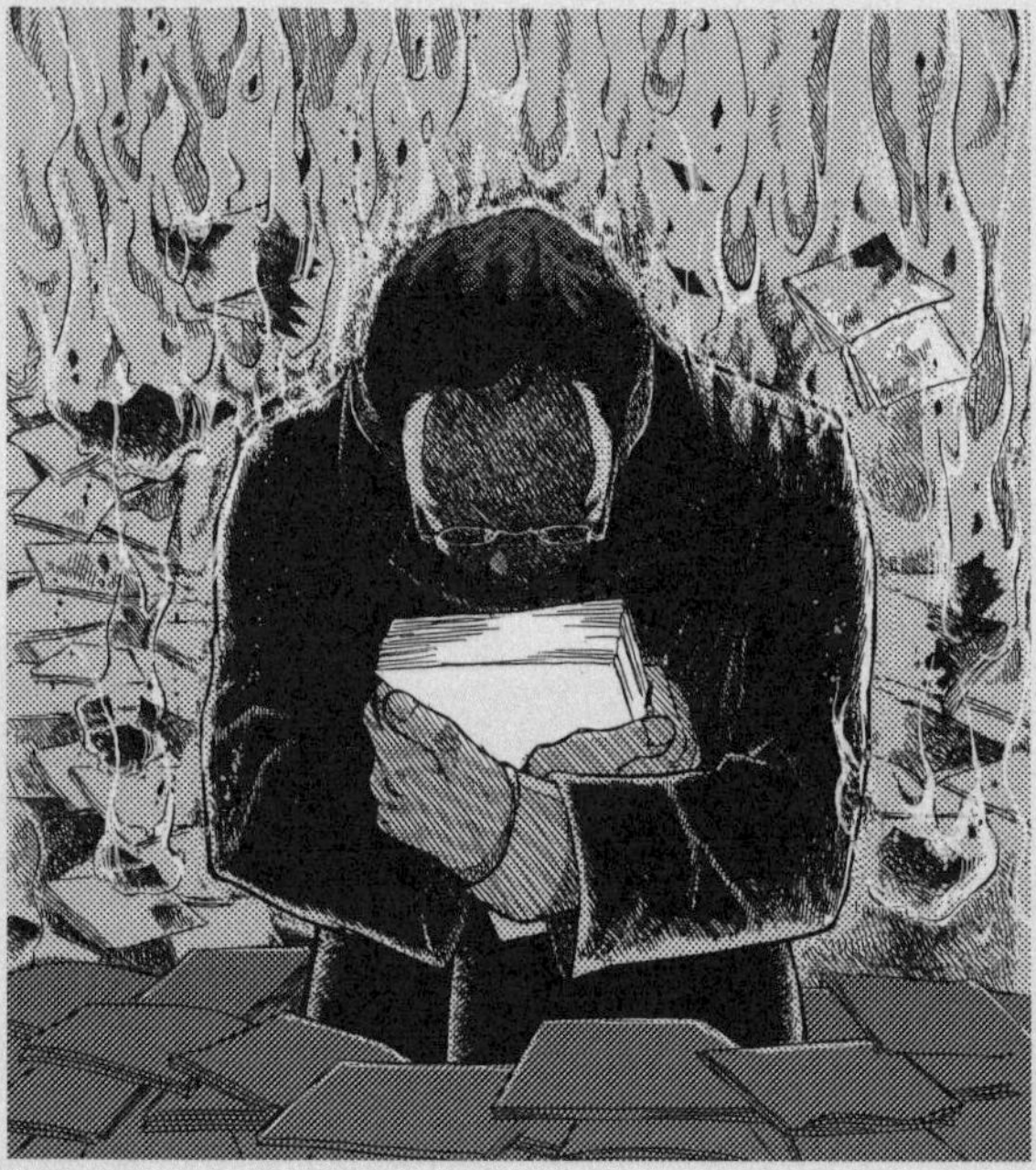

第一場　騙《かた》るに堕ちる

「高潔なるマエストロ、私は神にかけてあなたに約束します！　私はリースのようにはなりません」(1)

『ベートーヴェンの会話帳』より、アントン・フェリックス・シンドラーによる改竄の書き込み

罪と福音

一八二七年七月。

ベートーヴェンの死から四ヶ月後。

コブレンツ在住の医師フランツ・ゲルハルト・ヴェーゲラーは、愛妻のエレオノーレとともに、感慨深げに一通の手紙を読んでいた。

旧友ルートヴィヒは、自分に対していったいどんな思いを抱いているのだろう。その不安は、長年、ヴェーゲラーの胸から消えることがなかった。思い出は、はるか四十年前までさかのぼる。無類の音楽マニアの医学生だった自分、五歳年下の宮廷音楽家ルートヴィヒ・ヴァン・ベートーヴェン、そしてボンの名家フォン・ブロイニング家の長女でありシュテファンの姉エレオノーレ。青年ふたりと乙女は、ブロイニング家の音楽サロンで、マダム・コッホのレストランで、あるいは美しいライン川のほとりで、甘酸っぱい三角関係をもてあます青春の日々を過ごした。

一七九二年、ルートヴィヒは音楽家としてのキャリアアップのためにウィーンへ旅立った。その後エレオノーレは、ひそかに彼に手製のチョッキを贈った。妙齢を過ぎてなお、彼女は誰のところへも嫁ごうとしなかった。いったい誰を待っているのか、もちろんヴェーゲラーにはわかっていたが、彼もまた待ち続けるしかなかった。友がボンを去った直後、フランス革命の余波が襲いかかり、宮廷も宮廷楽団も消滅してしまった。大都会に闘いに行った男は、もうこの街には戻ってこないだろう。一八〇二年、エレオノーレは三十一歳にしてようやく、ヴェーゲラーの心を受け入れてくれた。

その後ベートーヴェンは、音楽家として目もくらむほどの大出世を遂げた。ヴェーゲラーもボンから約六十キロ南東にある小都市コブレンツに移り住み、単なる町医者にとどまらず、助産院や精神病院の設立に関わったり医療環境の向上のための活動に

従事したりと、ラインラントの医学界を牽引する存在となった。互いに男として望むべく最高の地位を手に入れて対等な友人であり続けただけに、相手がずっと独身のままでいる状況を思うと胸が痛んだ。「そうはいってもルートヴィヒは惚《ほ》れっぽい男で、エレオノーレ以外の女にもしょっちゅう目移りしていたじゃないか」――小さな罪の意識は、ときにそんな言い訳に姿を変えたりもした。

旧友の死の一年と少し前から、ヴェーゲラーは妻とともに、ふたたび彼と文通するようになった。返ってくる手紙は、彼を昔と同じように「きみ《ドウ》」と親しげに呼んでこそいたが、いつも誰かの代筆だった。彼の息づかいは「ベートーヴェン」というぶっきらぼうなサインの上にわずかに感じられるだけだった。

きみは旅情にかられたりしないか？　ラインをひとめ見たいという気持ちはないか？(2)

思い切ってそんな風に問いかけたり、旅行計画を具体的に持ちかけても、はっきりとした答えはなかった。一八二七年三月、彼の訃報が届くと、ヴェーゲラーの心は行き場を失ってしまった。それから三ヶ月足らずで、ウィーンに住む義弟のシュテファン・フォン・ブロイニングも逝《い》ってしまう。亡き友と自分との最後の接点が断たれて

しまった。そんなショックを受けていた矢先だった。ベートーヴェンの側近を名乗る男から福音《ふくいん》のような手紙が届いたのは。

彼〔ベートーヴェン〕はこう言いました。「長年、私と共に生き、共に暮らし、最善を尽くしてくれたのは、あなたがた〔ブロイニングとシンドラー〕だけです。ヴェーゲラーもまた同じように、私が青少年だった頃にたくさんのものを与えてくれた人であり、そして今日なお私の愛する友人です」と。(3)

ほっとした。長年の罪があがなわれた気がした。旧友が死の床でそんな言葉を残してくれただなんて。手紙の筆跡は、生前にベートーヴェンから受け取った代筆の手紙のものとまったく同じだった。署名にはアントン・シンドラーとある。シンドラー。なんと親切な男だろう。感謝せねば。

手紙には続きがあった。なんとベートーヴェンは、自分が死んだら、ヴェーゲラー、ブロイニング、シンドラーの三人で伝記を共同執筆してほしいという遺言を残しているのだという。ヴェーゲラーは出生から青春時代までを、ブロイニングはウィーン時代の前半を、シンドラーはウィーン会議から最晩年までをそれぞれ分担して書く、というのが当初の計画だった。ただしブロイニングが亡くなってしまったので、シンド

ラーが彼の担当部分を兼任するのはどうか。テキストは最終的にプロのドイツ人文筆家に託し、「音楽さながらに」美しくリライトしてもらいたいと考えている――。

音楽家を扱った伝記は、十八世紀後半以降、ヨハン・マッテゾンのヘンデル伝（一七六一年）やヨハン・ニコラウス・フォルケルのバッハ伝（一八〇二年）など、すでにある程度の数が書かれていた。ただしそれらは、王や名将の伝記ほどには広く一般に読まれているわけではなかった。音楽家の人生なんて、わざわざ語るに値するのだろうか？　世間の人びとはまだ半信半疑だった。となると、自分が著者のひとりとなる『ベートーヴェン伝』が、画期的な音楽家伝としてセンセーションを巻き起こす可能性だって大いにありうる。そんな想像もヴェーゲラーの心をくすぐった。彼はさっそく、同郷のボンの仲間たちにも資料収集の協力を仰ぎはじめた。

二十歳近く年下の友人フェルディナント・リースも、ヴェーゲラーから声をかけられたひとりだった。ベートーヴェンと同じくボンの宮廷音楽一家の出身で、十六歳の年、ベートーヴェンを追いかけるようにウィーンに行き、ピアノの弟子となった人物だ。ピアニスト、作曲家、指揮者として大成し、いまはフランクフルトでオペラの制作に勤しんでいる。

シンドラー。リースはその名前を覚えていた。かつてベートーヴェンが手紙にこんな愚痴を書いてよこしてきたのだ。

神のつくりたもうたこの世界でこれまでお目にかかったことがないくらいにしょうもない男

ははあ。先生からクソミソにけなされていたあの男じゃないか。リースは苦笑した。ベートーヴェンに仕える苦労は、師弟時代にさんざん使い走りをさせられた彼もよく知っている。いじめられちゃって、かわいそうに。しかも、死んだあとも先生の遺言に振り回されているとは。

リースもヴェーゲラーに協力を約束した。一八二七年十月から数回に分けて、ヴェーゲラーは、ボンの知己《ちき》からかき集めた資料やベートーヴェンの前半生のあらましを書いた長文のメモをシンドラーに送ってやった。その作業に勤しんでいるとき、ヴェーゲラーはまだ知らなかった。シンドラーが、ウィーンからペストにひそかに高飛びしていたことを。

騙るに堕ちる

一八二七年の暮れ。

アントン・フェリックス・シンドラーは、ペストにある妹マリーのアパートメントに身を寄せていた。

ウィーンの劇場ヴァイオリニスト兼指揮者から、妹のすねかじりの身分へ。三十二歳にしてまっさかさまの大転落だ。せっかく築いた職業音楽家としてのキャリアを捨ててまで、こんなわけのわからないノートの束を背負ってウィーンから逃亡する必要があったのだろうか。

ペスト時代のシンドラーの行状は謎に包まれている。おそらく立派な歌手になった妹の財布に頼って、メシを食わせてもらう日々だったのだろう。なんとも情けない有り様だ。しかも伝記をめぐる状況は予想外の事態になっていた。ノーマークだった方面から世界初の『ベートーヴェン伝』が出版されてしまったのだ。

それはヨハン・アーロイス・シュロッサーという著者が手がけた、プラハ発の粗末な小冊子だった。ベートーヴェンと縁もゆかりもないこの文筆家は、取材もろくにせず、過去の新聞や雑誌記事と、プラハの楽壇に伝わるわずかなエピソードをもとに、

超特急でこの伝記を書き上げたとみえる。伝記の本文は次のようにはじまる。

ルートヴィヒ・ヴァン・ベートーヴェンは、一七七二年にボンに生まれた。(4)

なんと、一文目から間違っている。正しくは一七七〇年だ。二文目に続く「父親の名はアントン・ヴァン・ベートーヴェンであるが」(5)というのも間違いで、正しい名前はヨハンである。一事が万事この調子だ。ウィーンの伝記プロジェクトチームも、こんな質の低い読み物に先を越されてたいそう焦っているにちがいない。

焦っているのはシンドラーも同じだった。一刻も早く伝記に着手せねば。それにもかかわらずヴェーゲラーの返事はのんびりしている。うまい嘘をつきすぎて安心感を与えてしまったか、とシンドラーは案じた。ヴェーゲラーへの手紙に書いたベートーヴェンの一連のセリフなぞ、もちろん事実なわけがない。手紙の代筆を介して、ベートーヴェンとヴェーゲラーの微妙な関係を察知していたシンドラーは、ヴェーゲラーの心の隙を突いてボンの資料を手に入れる作戦に出たのだ。ホルツ率いるウィーン・チームに対抗するには、ベートーヴェンの故郷の連中と手を組んで「シンドラー゠ボン・チーム」を作るしかない。そのためならば、嘘も方便だ。

さらにシンドラーは、別方面にも嘘を発射した。ターゲットは、ドイツ語圏の音楽業界で知らない人はいない超有名メディア『一般音楽新聞』の元編集長、ヨハン・フリードリヒ・ロホリッツ。音楽批評界のドンのごとき存在で、ホルツが担ぎだした文筆家グレーファーよりも格上だ。リライト役の「プロのドイツ人文筆家」としてはまさに適任。ベートーヴェンと生前に交友もあるし、名誉欲も強そうだ。こいつも嘘で釣ってやろう。一八二七年九月十二日、シンドラーはロホリッツに依頼状を出した。この手紙の原文は残っていないものの、彼はのちに『ベートーヴェン伝』(第一版)にこんなエピソードを記している。依頼状にも、これに近いことを書いたと推測される。

死の前のまる四ヶ月にわたる病床生活のさなか、ベートーヴェンは、宮廷顧問官のフォン・ブロイニングと私に、ギリシアのプルタルコスの『英雄伝』について話していた。ブロイニングは、長いこと待っていたチャンスが来たとばかりに、とはいえ何の気なしな調子ではあったが、もし同時代の人が自分の伝記を書くとしたら誰を選ぶかと尋ねた。するとベートーヴェンは少しも悩まずに即答した。「ロホリッツだ、彼は私より長生きするだろうし」(6)

なんと、ヴェーゲラーに対する嘘とほとんど同じシチュエーションだ。ベートーヴェンもブロイニングもこの世にいないのだから、誰にどんなホラを吹こうがどうせバレやしないという魂胆だった。それに、すべてがでたらめというわけでもない。ベートーヴェンが病床でプルタルコスの英雄伝について口にしたのはまぎれもない事実だ。ベーシンドラー自身のオリジナルの書き込みが、筆談用のノートに残っている。

「プルタルコスは膨大すぎて個人でぜんぶ所有するものではありませんよ、全巻が流通していますし」(7)

万一、誰かから疑いの目を向けられたとしても、この書き込みを間接的な証拠だと言い張れる。しめしめ。ノートにベートーヴェンの言葉が残っていないのが、欠点どころかむしろ長所になるとは思わなかった。ノートの行間は自分の思うがままだ。ロホリッツからは一週間を置かずに返答がきた。ジャーナリストだけあって仕事が早い。だが、その内容はシンドラーを失望させた。

貴意に沿いかねることが残念でなりません。若い頃にほとんど休みなく仕事をこなしてきたので、老体にツケが回ってきているのです。(8)

逃げる気か。こうなったら飛び道具だ。シンドラーは、死後にベートーヴェンの家から発見した二通の手紙の写しを取り出した。ラブレターはさしあたり使いみちがない。役立ちそうなのはもう一通の方だ。若き日のベートーヴェンが難聴の苦しみをぶつけた「ハイリゲンシュタットの遺書」。これは文筆家の感性に大いに訴えかけるにちがいない。

写しを添えた手紙を送ると、またすぐに返信が来た。答えはやはりかんばしくなかった。

この遺書が表現している、深く純粋な心をどれほど喜ばしく思い、またその善良な魂の痛みに対してどれほど心を打たれたか、とても言葉では言い表せません。(…) しかしながら、あなたの再度のお申し出にはお応えできかねます。(9)

シンドラーはブチ切れた。物書きの風上にも置けないやつだ! このビビりめ。

神の火花でみんなフロイデ！

ロホリッツは本当に具合を悪くしていたのだろうか。あるいは、シンドラーからの誘いに不信感を覚えて、体のよい断りを入れたのだろうか。いずれにしても、執筆をためらったのはロホリッツばかりではなかった。

ウィーンのプロジェクトチームによる『ベートーヴェン伝』も、刊行予定の一八二八年三月を過ぎてなお、お披露目される気配がない。執筆者のグレーファーの手が途中で止まってしまったらしい。ホルツが望むような形でベートーヴェンを描くのをグレーファーが拒んだのだろうか。あるいは青少年期の情報が不十分で、出だしから行きづまってしまったのだろうか。そうだとしたら、シンドラーが先にヴェーゲラーに手を回したのには十分に意味があったといえる。これで彼らは当面、立ち往生というわけだ。

ならば、恐れるまでもない。妹頼りの隠遁生活も終わりだ。シンドラーは決意した。ウィーンへ戻ろう。ありがたいことに、かつて第三指揮者を務めていたケルントナートーア劇場が、付属の合唱学校の声楽教師の職をあてがってくれた。

シンドラーが雲隠れしていた間、もうひとりのウィーン在住の音楽家が天に召されていた。フランツ・シューベルト。ベートーヴェンの死の翌年、一八二八年没。まだ三十一歳の若さだった。すねかじりといえば、この青年もまたそれに近い生き方をした音楽家だ。周りの気のいい友人たちに頼って、その日暮らしのように曲を書き、名が売れだして数年という惜しいタイミングで散った。今日では『ます』『野ばら』『魔王』などの歌曲で知られている音楽家だ。

実はシンドラーは前々からシューベルトを買っていた。才能がある。ドイツ語歌曲を熱心に書いている。愛国心にかぶれている。貧乏。ブサイク。モテない。そして、ベートーヴェンの熱狂的なファン。共感度百パーセントだ。おお、同志よ！　あちこちで、シューベルトの魅力を吹聴して回った。声楽の教材としてもうってつけだ。そのうち、ウィーンの楽壇で妙な噂がたつ。シンドラーはベートーヴェンの元秘書のくせにシューベルトを贔屓《ひいき》しすぎている、けしからん、というのだ。

うるさい連中だ。ひとりに固執すると文句を言い、しないとまた文句を言う。「プロのドイツ人文筆家」がアテにならないのはこの数年でよくわかった。ならば自分がペンを執《と》るしかない。文筆家アントン・フェリックス・シンドラーの誕生だ。どこに書く？　もちろん、新聞だ。読者が多い。スピード感もある。情報拡散にはうってつけ

けだ。

シンドラーは、演劇専門紙である『ウィーン劇場新聞』に企画を持ち込んだ。音楽に特化したスペシャル号を作りましょう、という提案だ。そのアイデアは採用され、一八三一年五月、劇場新聞の号外という形で『音楽新聞』が発行された。編集長はシンドラー自身だ。彼は栄えある第一号にシューベルトに関するコラムを載せた。

　私は、およそ六十曲にのぼるシューベルトの歌曲の譜面をベートーヴェンのところに持っていった。これはベートーヴェンを愉しませる糧になっただけではなく、シューベルトの本質を彼に知ってもらうきっかけを作り、それによって、世間でやり玉にあがっているシューベルトの才能について、彼から好意的な意見を聞きたかったためでもあった。（…）数日ほどベートーヴェンは楽譜を手放そうとせず、毎日何時間も、喜びと共に曲を味わいながら「本当にシューベルトのなかには神のごとき火花が宿っている」と言った。(10)

ほらね！　ベートーヴェンはシューベルトを買ってたし、しかも、ベートーヴェンにシューベルトの魅力を教えたのは他ならぬ俺なんだぜ。俺がシューベルトに肩入れするのも当然だろう？

ちなみに、文中に登場する「神のごとき火花（göttlicher Funke）」というフレーズは、『第九』のサビ部分に登場する歌詞「神々の火花」（Götterfunken）とそっくりだ。いかにもできすぎなエピソードである。ベートーヴェンが亡くなってから四年。シンドラーの感覚は明らかに麻痺しはじめていた。話を盛ったからといって誰が損するわけでもなし。褒めてもらえたシューベルトはハッピー。若者をたたえる美談が広まったベートーヴェンもハッピー。二人のファンの俺もハッピー。善良なドイツ人の読者もハッピー。みんなハッピー、みんなフロイデじゃないか。それの何が悪いのだろう？

嘘から出たマジ切れ

調子づくシンドラーの姿を遠方から見つめ、いら立ちをつのらせている男がいた。フランツ・ゲルハルト・ヴェーゲラーだ。送った貴重な資料やメモの数々を何年にもわたって放置され、シンドラーへの不信感はふくれあがる一方だった。いったい、例の伝記プロジェクトはどうなっているのだ？

そんな不満もどこ吹く風。シンドラーは全部で三号の『音楽新聞』を発行し終えたのち、一八三一年秋に再びウィーンを離れ、しばしの旅行に出た。訪問先のひとつは

故郷のメードル。実に十八年ぶりの帰郷だ。彼がこのタイミングで帰った理由は明白だ。ようやく老父と合わせる顔ができたのだ。お父さん。あなたの息子は法学者にもキャリア官僚にもなれなかったけど、三十六歳にして立派な文化人になりました！

シンドラーは、運良くミュンスター市音楽監督の職を手に入れていた。一時は無職にまで落ちぶれた身としては奇跡的な大復活だった。

ミュンスターは、当時のプロイセン、現在のドイツ北西部に位置する中堅都市だ。厳しい経済状況に置かれがちな音楽家にとって、地方都市の音楽団体は数少ない安定した就職口だった。シンドラーよりひとまわり下の世代のフェリックス・メンデルスゾーンやロベルト・シューマンも、サラリーを求めて、ひところデュッセルドルフ市音楽監督の職に就いている。ひとまわり上の世代のルイ・シュポアやヨハン・ネーポムク・フンメルは、カッセルやヴァイマールの宮廷楽長を務めながら平和な余生を送っていた。ベートーヴェンが若き日を過ごしたケルン選帝侯の宮廷楽団はフランス革命の余波で消滅したが、公的な音楽団体はさまざまな形でドイツ語圏各地に生き残っていた。

音楽監督の仕事は忙しい。オーケストラの指揮だ、合唱の稽古だと毎日てんてこまいだ。組織のなかで人を動かすという意味では、管理職さながらのマネジメント能力も求められる。一方、指揮台に堂々と立ち、団員たちに仰ぎ見られながらベートーヴ

エンの音楽を啓蒙《けいもう》するというチャンスにも事欠かない。シンドラーのオーケストラ指導は評判がよかった。『交響曲第六番「田園」』のリハーサルをめぐるオーケストラ団員の証言が、ミュンスター音楽協会の記念誌に書き留められている。

シンドラーはリハーサル現場に来ると、すぐに『田園交響曲』の指揮をはじめた。しかしすぐに演奏をやめさせて、こう言った。「こんなにひどいベートーヴェンは聴くに堪えませんね。ベートーヴェンの要求する水準のテクニックに達していない方も、『力を合わせる』ことで、罪を犯さずに済むでしょう」
それから彼は約一時間にわたって交響曲に関するレクチャーを行い、解釈、分析、技術、関連づけ、楽器の扱いなどを詳しく説明した。彼の語り口は、おしなべてわかりやすく、おもしろく、とにかく教え上手で、みな感嘆して彼を仰ぎ見た。その瞬間から、オーケストラのなかでの彼の評判は確固たるものになった。(11)

現代人は『田園交響曲』がどんな曲であるかをあらかじめ知っている。たとえクラシック・ファンでなくとも、テレビやラジオを通じて、さわりのメロディくらいは聴いたことがあるだろうし、熱心なファンや演奏家であれば複数の録音を聴き比べたり

もする。一八三〇年代当時はまったく事情がちがった。録音が存在しないので、演奏会場で本物の音を聴くしかない。しかもピアノや室内楽による編曲バージョンならさておき、フルオーケストラを聴く機会はきわめて限られている。ミュンスターのオーケストラ団員の多くは、人生で一度も聴いたことがないベートーヴェンの交響曲を、楽譜だけを頼りに、あてでもないこうでもないと手さぐりで弾いていたのだ。シンドラーのレクチャーはそんな彼らに助け舟を出すものだった。

シンドラーは音楽の演奏を詩の朗読にたとえた。プロの俳優ならば詩を朗読するとき、書かれた言葉の意味をよく吟味《ぎんみ》した上で、読むスピードの緩急をつけたり語調を強めたり弱めたりする。それと同様に、音楽を演奏する際には、楽譜に書かれた音の意味を見極め、テンポや音の強弱を細かく色づけしていかなければならない。『田園交響曲』ならば「田園」という表題が演奏のヒントになるだろう。「田園」が、ベートーヴェンの生きた時代において、あるいはドイツ人にとってどういう意味を持っているか、考察を深めることで演奏スタイルを確立していく。楽譜にメトロノームの速度指示が書かれていたからといって、ただそれに従って機械的に演奏するのは言語道断だ――。

音楽の都ウィーンからやってきた、ベートーヴェンの「友人」であり「弟子」であり「秘書」である指揮者が、こんな演奏理念を熱く語ってくれるのだ。『交響曲第五

番』のモチーフは「運命が扉を叩く音」だの、『交響曲第八番』の第二楽章は「メトロノームの発明者のメルツェルをたたえたカノンがもとになっている」だの、ベートーヴェンから直に聞いたという演奏のヒントも惜しみなく教えてくれる。教祖の思想を広めるべく、この街にやってきてくれた伝道者だ。ありがたや！　ミュンスターの人びとはすっかり彼を信じ切ってしまった。

シンドラーはこうした仕事を通して、ベートーヴェン個人のエピソードにとどまらず、自分とベートーヴェンの関係を誇張するようになっていった。一八三二年一月の『一般音楽新聞』に掲載されたシンドラーのプロフィール記事には、「ベートーヴェンと十年にわたり同居していた」(12)など、明らかに事実ではない内容が書かれている。伝道者としての説得力を高めるために、本人がそう世間に触れ回っていたのだろう。とりたててケチを付けてくる人もいない。チョロい、実にチョロい。シンドラーは内心、高笑いだった。伝記を出版するためには、自分の支持者を増やさねばなるまい。

しかしヴェーゲラーからしてみれば、シンドラーの音楽監督としての活躍なぞただ腹立たしいばかりだ。一八三二年には、ベートーヴェンと交友があった音楽家イグナーツ・フォン・ザイフリートが『通奏低音、対位法、作曲法に関するベートーヴェン

の研究』を出版している。音楽理論書でありながら、ベートーヴェンとの思い出話にもそれなりにページが割かれた本だ。これでは先を越されたも同然じゃないか。ヴェーゲラーからの怒りの呼び出しを食らって、一八三三年夏、シンドラーは彼が住むコブレンツを訪ねた。

開口一番、険しい顔つきのヴェーゲラーはシンドラーにこんな提案をした。フェルディナント・リースも伝記執筆のメンバーに入れようじゃないか。当初の計画通り、伝記を三期に分割するにしても、二期と三期をシンドラーひとりが手がけるのは確かに負担が大きいだろう。二期は、当時ベートーヴェンの門下にいたリースに書かせればいい。さっさと計画を立ててこい。尻を叩かれて、シンドラーはその足でリースが住むフランクフルトに向かった。

リースは、ヴェーゲラーとは対照的に伝記の遅延を気にしている様子もなく、にこやかにシンドラーを出迎えてくれた。にもかかわらず、話しているうちにだんだん、腹の底がもやもやしはじめた。ホルツと相対しているときと似ている。そうそう、ベートーヴェン先生といえばさ……と、語りだした思い出が、どれもこれも唖然とするようなエピソードばかりなのだ。ボンから着たきり雀《すずめ》でやってきた彼を快く弟子にしてくれたこと。金に困っていないかいつも気にかけてくれたこと。レッスンを忍耐強くみてくれたこと。はじめての仕事やデビュー演奏会をお膳立てしてくれたこと。一

緒に仲良く散歩に行ったこと。下宿先の娘さんたちがみんな美人で、それをネタによくからかわれたこと。旅行から帰ってきたとき、ベートーヴェンが嬉しさあまって、シャボンで顔を泡だらけにしたまま抱きついてきたこと。とにかく無限にその手のエピソードが出てくるのだ。めまいがする。同じ「お世話係」とはとても思えない。この男は確実にベートーヴェンに愛されていた。恩義とか忠誠とか、そんな暑苦しい話じゃない。単純に、気が合ったのだ。ときには怒って泣いてケンカして、でも最後はゲラゲラ笑って仲直りできる関係だったのだ。自分が持ちえなかった資質をこの男はあたりまえのように持っている。

この対面はシンドラーにとって相当なショックだったらしい。「一八三三年に、私はフランクフルトでリースとともにベートーヴェンのことを語り合った。(…)だが〔ベートーヴェンに師事していた頃に〕まだ青年になったばかりだった彼には、この巨人の真意を見出すことはできなかったようだ」(13) シンドラーはのちにグチグチとそう書いている。リースは畏れ多きマエストロの本質を理解していない。そうとでも思わねば、とても自分を保てなかったのだろう。とめどないおしゃべりから逃げるようにシンドラーはコブレンツに逃げ帰った。こんな男と一緒に伝記を書くなんて無理だ。彼はヴェーゲラーに、交渉は決裂したと嘘をついた。

ヴェーゲラーはあくまでも泰然としていた。彼はリースの性格もよく知っている。

こうなるのは半ば予想済みだった。それなら仕方ありませんねえ、シンドラー君。ヴェーゲラーは、冷や汗をかいたシンドラーの手を取って、老人とは思えない強さをこめて握手した。では、あなたひとりでちゃんと頑張ってくれますね？

秘書、呪いをかける

ところがそれから一年経っても、シンドラーが動き出す気配はみられない。一八三四年秋、ヴェーゲラーの堪忍袋《かんにんぶくろ》の緒《お》がとうとう切れた。「われわれの永久の友の伝記に関する寄稿文をあなた様に送ってさしあげたのは、もう七年も前のことではございませんか」手紙の文言は怒りに震えている。「ベートーヴェンのたくさんのファンの方々、とりわけ彼の生地やその周辺の方々から私はひどくせきたてられております。私は七十歳となった今ではもう多くを求めることはできませんが、それでもお送りしたものが刊行されるのを見たいのです。（…）それゆえ私は自ら伝記を出版することを決意いたしました。来年の復活祭までに実行いたしたく存じます」(14)

インテリが怒るとこわい。さすがのシンドラーも慌てて言い訳の手紙を書いた。「ウィーンに行って時間をかけてさまざまな場所を訪れて、存命の方々に取材したりしなきゃいけませんし……」(15) そうはいっても、待たせた七年のうちの約二年間は

ウィーンにいたのだ。説得力がない。
ヴェーゲラーの再三の催促にもかかわらず、シンドラーがのらくら過ごしていたのはなぜだろう。その謎の答えは、のちのシンドラーの文章のなかにある。

私には伝記の出版を急がない特別な理由があった。かつてこの大作曲家に対して罪を犯した多くの存命の人たちにそそがれる、厳しくも正しい非難をやわらげ、「すべてにおいて厳然たる真実を語れ」というベートーヴェンからの要求に無理なく応えるため、私は公開を長いこと見合わせたのだ。(16)

「存命の人たち」の人生を守るために、ベートーヴェンの真実を語るのをしばらく差し控える。表向きは大人の配慮のように読めるが、要するにシンドラーは、「存命の人たち」が死ぬのを待っていたのだ。生きている人間は邪魔だ。とかく証人になりたがったり、権利を主張しにかかったりする。死ねばそれがなくなる。シュテファン・フォン・ブロイニングは死んだ。フランツ・シューベルトも死んだ。イグナーツ・シュパンツィヒも、一八三〇年に脳卒中で死んだ。何を書きたてようが遠慮はいらない。できればもっとたくさん死んでくれればありがたい。いま、いちばん死んでほしいのはおまえだ。シンドラーの黒い瞳に、プロイセンの勲章をぶらさげた老インテリの顔

がさかさまに映る。フランツ・ゲルハルト・ヴェーゲラー。さっさとくたばれ、クソジジイ。ボンの資料を手に入れた時点で、きさまなんかもう用済みなんだ。呪詛《じゅそ》を送っているうちにだんだん腹が立ってきた。でしゃばりめが、伝記を自分ひとりで書いて出版するだと？　冗談じゃない。俺のペンでこの老害の悪評を広めてやろう。なるべく影響力のあるメディアがいい。最近コネができた『一般音楽新聞』を利用してやれ。年明けた一八三五年一月、同紙にシンドラーの署名入りの告発文が掲載された。

私はベートーヴェンのすべての友人ならびにファンの方々に注意をうながしたい。彼〔ヴェーゲラー〕の手によるあらゆるエピソードや記述は、わずかしか、というより、まるで信用に足らないといっていい。なぜならそれらはほぼすべて、まったくの作り話か捏造といったところだからだ。(17)

ドイツ語圏で『一般音楽新聞』を読んでいない音楽関係者はいない。業界は騒然とした。なんだなんだ。ベートーヴェンの知己同士が遺産相続さながら、伝記の執筆権をめぐってもめているだと？

それにしても、シンドラーの主張は墓穴を掘っているも同然だ。この騒動のそもそ

もの発端は、一八二七年六月にシンドラーがヴェーゲラーに手紙で書き送った「作り話」にあるというのに、いまやヴェーゲラーが書こうとしている本を「作り話」呼ばわりしているのだから。シンドラーは、口からこう出かかるのを懸命に押しとどめていたのかもしれない。ベートーヴェンがおまえに伝記の執筆を託したなんてのは真っ赤な嘘だぞ。おまえには伝記を書く権利なんてない。それどころか、もしかしたらおまえ、ベートーヴェンに一生ずーっと嫌われたまんまだったかもな。ざまあみろ。バーカバーカ。

もちろんそれはシンドラー自身にもそっくりお返しできる言葉だった。権利がない者同士が権利を主張して乱闘しているのだから、喜劇としかいいようがない。天からベートーヴェンが見ていたら頭を抱えてこう言ったにちがいない。諸君、喝采せよ、喜劇は終わらぬ。

故人の嘆きもどこ吹く風とばかりに、シンドラーはコブレンツの方向に呪いを送り続けた。さっさとくたばれ。インテリジジイめ。

愛弟子、呪いにかかる

呪いは、本当に効いてしまった。ただし、狙っていたのとは異なる相手に。

一八三八年一月。突然舞い込んだニュースにシンドラーは飛び上がった。あまりの衝撃に開いた口がふさがらない。だが、アーヘンの合唱団員たちが涙で頰を濡らしながら差し出した新聞には、確かにその訃報が記されている。「フェルディナント・リース死去」——五十三歳。よもやジジイを差し置いて、こっちが先に死んでしまうとは。

しかもそれは、シンドラーがリースに再接近をはかっていた矢先の出来事だった。去る三年前、シンドラーはミュンスターでの職を辞してアーヘンの音楽監督に就任していた。プロイセン西端の都市アーヘンは、リースが「ニーダーライン音楽祭」の監督を務めており、彼のアジトのような場所だ。自然と交流も増える。シンドラーは、表面的にはリースににこやかに接しながら、さりげなくヴェーゲラーの動きをさぐった。なにしろ、ヴェーゲラーが手紙で宣言した「来年の復活祭」の時期を過ぎても出版の気配は一向にみられない。急かしておいて、あっちの仕事も遅れてるじゃないか。一八三七年五月のニーダーライン音楽祭では、シンドラーも合唱指揮者としてリースと同じ舞台に立ち、リースの自作オラトリオ『イスラエルの王』を演奏した。当時はあんなにピンピンしていたというのに。動揺を抑えきれぬまま、シンドラーはアーヘン大聖堂でリースの追悼演奏会を指揮した。レクイエムの絶唱にさしかかるにつれ、

どんどん動悸が激しくなってくる。
違う。神よ。相手を間違えたのはあんただ。俺はこの男を呪っていたわけじゃない。決して、呪っていたわけでは。

*

それから数ヶ月後。シンドラーは新聞の片隅に、とある本の記事を見つけ、ふたたび飛び上がった。
フランツ・ゲルハルト・ヴェーゲラー&フェルディナント・リース共著『ルートヴィヒ・ヴァン・ベートーヴェンに関する伝記的覚書』
実物を手にしても、まだ、これが現実だとは信じられない。震えながらページをめくる。中ほどに、リースが書いた序文があった。日付は「一八三七年十二月」とある。死の前月だ。亡くなる直前に書き上げたということか。
要するに、ヴェーゲラーとリースは水面下で動いていたのだ。近づいてくるシンド

ラーを適当にあしらいながら、その裏で、リースはヴェーゲラーに愚痴の手紙を書き送っていた。「シンドラーときたら、またくだらないことを山ほど言ったり書いたりしてきてるんだけど」(18)彼らは歳こそ離れているが親友も同然の仲だ。親友の悪評を広めている男なぞ、リースにとっては最初から軽蔑の対象だった。

リースは、シンドラーが自身をときおり「ベートーヴェンの弟子」と称していることに特に違和感をおぼえたらしい。「ベートーヴェンからもらった手紙には、自分の高弟はリースとルドルフ大公だけだと書いてあるのに」「正直に言うけど、僕はベートーヴェンの弟子が、シンドラーを含む三《み》つ巴《どもえ》になるのは嫌だ」(19)と、ヴェーゲラー宛の手紙に書いている。ベートーヴェンの愛弟子を自負して生きてきた身としては、ぽっと出のニセモノと名を分け合うのは耐えがたかったのだろう。このような密談を経て、彼らふたりはシンドラーを倒すために共謀して本を書こうと決意を固めたのだ。

リースがシンドラーに対して抱いた疑念は、この共著作の『伝記的覚書』のなかにもさまざまな形であらわれている。といっても、シンドラーの実名を出してあげつらうようなリスクはおかしていない。

ベートーヴェンはハ短調の美しいピアノ協奏曲（作品三十七）の草稿を僕に

渡してくれた。それは僕が「ベートーヴェンの弟子」として公《おおやけ》の場にデビューするための協奏曲だった。ベートーヴェンの生前に、そういう形で世に出たのは自分ただひとりだった。自分以外には、ルドルフ大公も弟子だと認められている（参照：ザイフリート十二ページ）。(20)

わざわざザイフリートのベートーヴェン研究書をソースとして挙げてまで、ベートーヴェンの弟子は自分とルドルフ大公だけだと主張している。そしてシンドラーの名前は、本文にも、序文にも、どこにも見当たらない。ベートーヴェンの人生にも、あるいはこの本が生まれる経緯にも、シンドラーは一切かかわっていない。そう言わんばかりの扱いだ。

ページをめくるにつれ、シンドラーは激しい怒りに燃えだした。

その怒りの正体は、彼自身にも当初わからなかった。ヴェーゲラーとリースに裏切られた。出し抜かれた。あげく、存在を抹消された。当然、腹立たしくはある。でも、それだけだろうか。

いや、違う。

ぜんぜん違う。

シンドラーははたと気がついた。

俺は何も、自分がないがしろにされたから怒っているわけじゃない。

自分がないがしろにされたゆえに生じてしまった、この読み物のさまざまな欠点に対して怒りをおぼえているのだ、と。

絶対に隠しおおせてみせる！

ヴェーゲラーとリースの『伝記的覚書』は、前篇と後篇に分かれている。ヴェーゲラーによる前篇がベートーヴェンの出生から青年時代まで、リースによる後篇がベートーヴェンの三十代をメインとした内容になっている。おのおのの著者が、ベートーヴェンにもっとも親しく接した時代を担当するという、当初シンドラーが提案した分業スタイルを踏まえている。

だが、この方式だとベートーヴェンの四十代以降に関する記述がほとんど無くなってしまう。手紙はいくつか掲載されているにせよ、リアルな生活が見えてこないのは読者にとって物足りないだろう。

欠点はそれだけではない。シンドラーの提案では、複数の身辺者が書いたテキスト

を、最後に筆の立つプロがひとつにまとめるはずだった。そうしないと、章ごとにテイストがちぐはぐになってしまい、ベートーヴェンの人生を一貫したストーリーとして味わえない。さまざまな作曲家が書いた楽章をただ組み合わせても、人の心を打つ交響曲にならないのと一緒だ。

それでも、ヴェーゲラーの担当した前篇はまだ悪くなかった。若かりし日のベートーヴェンの姿を、ある程度は順を追う形で描いている。ヴェーゲラー本人は嫌いだが、記述に関しては特段のツッコミどころはない。

問題はリースが手がけた後篇だ。

出だしこそ、弟子入りの経緯のエピソードで興味を惹かせるものの、そこから先は「思い出した順」で、なんの脈絡もなく、よもやま話がぽんぽんと連ねられていくのだ。フランクフルトで目の当たりにしたあのとりとめもないおしゃべりを、そのまま紙の上に書き写したかのように。

しかもエピソードの大半がまずい。あまりにあけっぴろげすぎる。記憶を全部吐き出してやるとばかりに、何から何まで「しゃべりすぎていると言わざるを得ない」(21)のだ。たとえば女性関係についてはこうだ。

ある夕方、僕はレッスンを受けるためにバーデンに出向いた。するとベートーヴェンがきれいな若い女性をはべらせてソファに座っているではないか。これは間が悪かったと思って、すぐに退散しようとしたところ、ベートーヴェンは僕を引き留めて言った。

「しばらく弾いてくれよ!」

ベートーヴェンと女性は僕の後ろに座ったままだ。だいぶ長いこと弾いたところでベートーヴェンは叫んだ。

「リース! なんか恋愛風のやつを!」

それから、

「なんかメランコリックなやつを!」

「情熱的なやつを!」

などなど……。

聞こえてくる声から察するに、ベートーヴェンはその女性の気分を損ねてしまいご機嫌を取ろうとしている風だった。最後に彼は飛び上がって叫んだ。

「みんな俺の作った曲じゃないか!」

要するに僕は、彼の作品のいろいろな箇所を短い転調のフレーズでつないで弾いていたのだ。彼はそれを喜んだようだった。その女性はほどなくして去っ

た。びっくりしたことに、ベートーヴェンは女性が誰なのか知らなかった。彼女は僕よりほんの少し前に来てベートーヴェンとお近づきになろうとしたらしい。(22)

これはヤバい。非常にヤバい。チャラいにも程がある。頭を抱えるしかない。『月光ソナタ』やら『熱情ソナタ』やら、名曲の数々を書いていた時期にこんなワンナイトラブまがいの色恋に耽っていただなんて。しかも、自分の芸術作品を素性も知れない女とのデートのBGMにして喜んでいたとは。ベートーヴェン自身もどうかしているが、暴露する方もどうかしている。

それだけではない。このエピソードもだいぶヤバい。

ベートーヴェンはときどき壮絶にブチ切れることがあった。

ある日、僕たちはガストハウス「白鳥館《ツム・シユヴアン》」で食事をしていた。すると給仕が間違った料理を持ってきた。ベートーヴェンが二、三言何かを言いかけ、給仕がぞんざいな態度でそれに答えるやいなや、ベートーヴェンはその皿(肉汁をたっぷりかけた臓物の料理)をつかみ、給仕の頭に投げつけてしまった。(23)

こんなエピソードを書かれたら、ベートーヴェンがとんだ癇癪持ちの暴力男だというイメージが広まってしまうじゃないか。確かに、ベートーヴェンは癇癪持ちの暴力男だ。シンドラーだって、その事実はリースに負けないくらいよく知っている。ただ、持っている危機感が双方であまりに違う。リースにとっては、ベートーヴェンの数々の突拍子もない奇行は、ボンの仲間内でさんざん酒のつまみにしてきた小話にすぎないのだろう。シンドラーにとってはそうではない。甥カールの生々しい銃創《じゅうそう》を彼ははっきりと記憶している。あの傷がなぜ生まれたか、リースは知るまい。しかし未来の読者は真相を知ってしまうかもしれない。そのときに、リースが書いた数々の横暴なエピソードが、カールの自殺未遂の〝伏線〟に見えてしまう危険性がある。

伝記的なテキストが目指すべきは、人物の本質をすくいとることだ。けれど、ベートーヴェンの暴力的な性格やふるまいは、事実の一端ではある。けれど、ベートーヴェンの本質ではない。

では、本質を表現するためにはどうしたらいいか。人生のはじめから終わりまで一貫したストーリーを描けばいい。一のエピソードは、必ず、二のエピソードの伏線となる。二のエピソードは、必ず、三のエピソードの伏線となる。大小のエピソードを

帆にはらみながら船は前へと進む。生み出される音楽作品は、つねに音楽家の人生の象徴だ。人生は新たな作品を生み、作品はまた新たな人生を生む。そうした描写を経て、ルートヴィヒ・ヴァン・ベートーヴェンという音楽家の姿が、読者の目の前に浮かび上がってくる。それは、女といちゃつくベートーヴェンでも、給仕に肉料理を投げつけるベートーヴェンでもない。天からの啓示を受けて、英雄《ヒーロー》のようにすっくと大地に立つひとりの音楽家だ。

そう、ベートーヴェンは俺たちのヒーローだ。古代の英雄伝に登場する偉大な軍人や政治家たちの系譜に連なる音楽家。それがルートヴィヒ・ヴァン・ベートーヴェンなのだ。伝記の冒頭で、それを宣言しよう。ロホリッツを騙そうとしたときに使った、あのエピソードにご登場いただこうじゃないか。

死の前のまる四ヶ月にわたる病床生活のさなか、ベートーヴェンは、宮廷顧問官のフォン・ブロイニングと私に、ギリシアのプルタルコスの『英雄伝』についで話していた。ブロイニングは、長いこと待っていたチャンスが来たとばかりに、とはいえ何の気なしな調子ではあったが、もし同時代の人が自分の伝記を書くとしたら誰を選ぶかと尋ねた。するとベートーヴェンは少しも悩まずに即答した。「ロホリッツだ、彼は私より長生きするだろうし」

これを読んだら、ヴェーゲラーは腰を抜かすにちがいない。だが『ベートーヴェン伝』を生むにあたって、俺はこっちの「嘘」を取る。

彼はすでに運命を受け入れていたので、旧友のブロイニングが書いた〈ギリシアの作家に関する〉読みものをとても興味深げに読み、そしてこう言った。「ここにはこういう文書がある。そこにもこういう文書がある。これらを持っていき、最良の形で使用してくれ。ただし、すべてにおいて厳然たる真実を語ってほしい。きみたちふたりに責任を託す。ロホリッツにも手紙を書いてくれ」(24)

運命！　ペンでその言葉を書きつけて、シンドラーは震えた。死という「運命」を受け入れ、自分の遺品を友人ふたりに託すベートーヴェン。めちゃくちゃカッコ良い。

シンドラーの目には、いまや、清く正しく凛々《りり》しい音楽家のイメージがくっきりと映っていた。ルートヴィヒ・ヴァン・ベートーヴェン。ヒーローとして生きた音楽家の生涯。決して幸福とはいえない生い立ち。耳疾をわずらった苦しみ。そして、リー

スの筆よりも何倍もドラマティックに書き立てられた『英雄交響曲』の成立背景。お下品な情報なんていらない。DV疑惑なんていらない。そんなゴミクズ同然のエピソードは捨ててしまえ。事実を火にくべるのを恐れてはダメだ。肖像画家だって、ベートーヴェンの天然痘《てんねんとう》の痕をわざわざ事細かに描いたりはしないじゃないか。薄汚れた肌はつややかに、手入れしていない眉毛は男らしく剛健に、乱れた髪はそういう個性的なヘアセットのように。俺が書く伝記もそれと同じだ。何が悪い。絶対に隠しおおせてみせる。俺の嘘も、ベートーヴェンの本性も……。

はっとシンドラーのペンが止まった。

ウィーン、ペスト、そしてミュンスターを経て、はるばるこのアーヘンのアパートメントまで連れてきた大量の筆談用ノート。

部屋の隅に積まれた紙束《かみたば》と目が合ったのは、まさにその瞬間だった。

第二場 プロデューサーズ・バトル

「おしゃべりなやつや密告者が、いま、あなたの周りにはたくさんいるのです」(1)

『ベートーヴェンの会話帳』より、アントン・フェリックス・シンドラーによる改竄の書き込み

イケメンは激怒した

一八四〇年。

ベートーヴェンの死から十三年後。

ウィーンのアマチュア・ヴァイオリニスト、カール・ホルツにとって、ベートーヴェンのもとでの秘書生活はすでに遠い日の思い出となっていた。

近代市民の人生は忙しい。婚約、結婚、そして子ども。三十代は矢のように過ぎ、いまや四十の盛りだ。食うための職は役人、ライフワークはヴァイオリン。音楽団体コンセール・スピリチュエルの指揮者としても活躍中だ。練習のあとは飲みに行きたいし、週末は家族とプラーターで遊びたい。夜はレオポルトシュタットのダンス・ホールでワルツを踊りたいし、昼はドナウ運河沿いのレストランで定食をほおばりたい。なんといっても、最近のブームは仔牛のカツレツ。「ヴィーナー・シュニッツェル」っていうんだって。黄金色のかりっとした衣にかぶりつく。うまい！

ウィーン会議以後、抑圧的なメッテルニヒ体制のもとで開花したつつましやかな小市民文化を「ビーダーマイヤー」と呼ぶ。愚民バンザイ。娯楽バンザイ。政治なにそれおいしいの？　ホルツのライフスタイルは、傍《はた》から見れば、ビーダーマイヤー時代のウィーンっ子の典型だった。ベートーヴェンの伝記？　ああ、ひところ、そんな計画もあったたっけねえ。

当時あれほどのショックをもたらした甥カールの自殺未遂事件も、遠い過去だ。カールは五年の軍隊生活をぶじ終え、伯父の遺産に助けられて平和な市民生活を送っている。そっとしておくのが吉《きち》だ。古傷を世間に晒す必要もない。さようなら、遠い日の思い出よ。愛すべきは、家族と、音楽と、目の前のカツレツだけだ。

……と、思っていた。

ある日、噂を聞きつけて、『ルートヴィヒ・ヴァン・ベートーヴェン伝』を手に取るまでは。

あのアントン・フェリックス・シンドラーがこの本を書いたって⁉ ホルツはしげしげとその本を眺め回した。三百ページ近くある立派な書籍だ。「誕生から一八〇〇年まで」「一八〇〇年から一八一三年十月まで」「一八一三年十月から一八二七年の没時まで」の人生篇全三章に加えて、音楽の章、そして日常生活や性格について綴った章がある。これを全部、文筆家も立てずに、たったひとりで書いたのか。

やるじゃん。

ミュンスターやアーヘンで、音楽監督として活躍しているという噂もちらほら聞こえてくる。その上、文筆業か。意外と出世したな。ぱらぱらとページをめくる。ふん。こりゃきっとボンの連中と何かあったんだろうな。それだけは読みはじめてすぐにわかった。ヴェーゲラーとリースが二年前に出版した『伝記的覚書』への反証の言葉が、至るところにちりばめられている。まあ、音楽でメシを食っていくとなると、あれこ

れ闘わなきゃならんのかもね。僕は知ったこっちゃないけど。そんなノリでしばらくはふんふんと読んでいた。

私がほとんど毎日のようにガストハウス「植木館《ツム・ブルーメンシュトック》」に出向いて、決まった時間に彼〔ベートーヴェン〕と会い、親密な仲になったのは、一八一六年のはじめだった。(2)

あれ？ ホルツは首を傾《かし》げた。シンドラーはそんなに早い時期にベートーヴェンと親しくなってたのか。一八一六年といえば筆談用のノートが使われはじめるよりも二、三年前だ。

あれれ？ ホルツはまた首を傾げた。そういえばあのノート、どこかに保管されてたりするんだっけ。伝記のなかに「会話帳」という言葉が何度か登場するけど、これは筆談用のノートのことを言っているのかな。

もやもやしながらページをめくる。すると、終盤に妙なくだりがある。

ウィーン在住の有名な作曲家でありピアニストのH・m〔アントン・ハルム〕氏の夫人は大のベートーヴェン・ファンだった。彼女はベートーヴェンへ

の憧れが高じて、彼の髪の毛をほしがっていた。そこで彼女の夫は、ベートーヴェンと付き合いがあり、彼に仕えていたH氏にこれを相談した。(3)

ぱらぱら前に戻ってみると、もっとひどい箇所が目に留まった。

いまや自由を手にしたこの青年〔甥カール〕は、ベートーヴェンという世界的にメジャーな名にふさわしい才気に満ち溢れた若者だった。だが道を誤り、伯父から与えられた自由と愛情を濫用し、勉学を怠り、ついには大学から追い出されるに至った。(4)

これ、僕のことだ。

「H氏」だなんて伏せなくたっていいのに。ていうか僕の登場シーンはこれだけ？いまいちどページを繰り直すが、カール・ホルツの名前はまったく見当たらない。えっ。ちょっとこの扱い、ひどくない？

遠ざかっていた記憶が、怒りとともにまざまざとよみがえった。なんだこれは。どうしてこんな大ボラを吹くんだ、シンドラー。カールに関する記述はそれだけではない。自殺未遂の動機について、学校の試験がプレッシャーになったせいだ、としれっ

と書いてある。嘘つけ！　ベートーヴェンとカールの間に何があったかは、あんただってよく知っているだろうに。証拠だってある。あのノートさえ手元にあれば。くそっ。もし、シンドラーがあれを持っているとするなら……。

ふと、恐ろしい想像が脳裏に浮かんだ。

アーヘンのアパートメントの一室。暗いまなざしをたたえ、暖炉の前に手をかざす長身の男。

燃えさかる火に、次から次へと投げ込まれていくノートの束。無数の文字が、一瞬にして溶けていく……。

まさかとは思うが。決して、ありえない話じゃない。

証拠隠滅。

おまえを殺して俺も死ぬ！

まさにその頃、シンドラーは火の上に手を伸べていた。

投げ込んだノートは、みるみるうちに炎のなかに呑まれていく。ヨーロッパ各地を

えっちらおっちら運んできたというのに、燃え尽きるのはなんとも早く、はかない。百冊近くが、あっという間に灰になってしまった。とはいえ、消えたのは一八二〇年十月から一八二二年五月までの二年弱分にすぎない。他のノートはまだ部屋の隅に積まれている。シンドラーの秘書時代も、ホルツの秘書時代も。

罪の意識なぞ持ってたまるものか。自分が手を下さなかったとしても、ばらばらにされて二束三文で売り飛ばされるか、誰かのタンスの肥やしになるか、いずれかの不毛な末路をたどっていたはずのノートだ。責められても知ったことではない。

問題はここからだ。

同じ嘘をつくにしても、単にエピソードを盛るのと、エピソードの出典元である会話帳に手を加えるのは、罪の重さが異なる。いよいよ犯罪の領域だ。凶器は、一本の鉛筆。目的は、ベートーヴェンと自分の接近時期の操作だ。

何しろ、シンドラーの秘書期間はあまりに短い。一八二二年の末から一八二四年五月まで、そして一八二六年八月から一八二七年三月まで。合計しても三年に満たない。ヴェーゲラーやリースのように、何十年にもわたってベートーヴェンと交友してきた連中とはキャリアが段違いだ。せめてあと数年は長くしたい。そこで裏工作だ。一八一九年から二〇年のノートに、ベートーヴェンと自分がだんだんと友情を深めている

かのようなニセのセリフを書き込む。そして、本物のシンドラーの書き込みが現れるまでの二年弱のノートは処分してしまう。このノートを時系列順にたどれば、シンドラーとベートーヴェンが一八一〇年代から交友関係があり、かつ、燃やした会話帳が使われていた時期に秘書になったように見えるだろう。

火にくべるのは簡単だが、ニセのセリフを書き加えるのは難しかった。大前提として、ノートにセリフを書き込める程度の余白がなければならない。そして、徹底して当時の自分になりきらなければならない。あたかもベートーヴェンが目の前にいるかのように。尋常でない妄想力が必要だ。時間よ、戻れ。とき一八一九年。ベートーヴェンは四十八歳。自分は二十六歳。若い。その若さを気遣うように、ベートーヴェンは優しくこう尋ねる。「最近は何をやってるんだね？」と。シンドラー青年は、おじけづきながらもこう答える。

「いまは、大きな試験のための準備をしなければならない状況なんです。——まずは自然法からです」(5)

書けた。割とそれっぽい。いい感じだ。幻影のベートーヴェンも、ノートをのぞき

込んでふむふむとうなずいてくれる。そうか。きみは法学者を目指しているんだったな。てっきり音楽家になりたいのかと思っていたがね。音楽を本格的にやる気はないのかね？

「音楽には手をつけることができません。ぜんぜん時間がないんです」(6)

だが、青年の心境にだんだんと変化が現れる。音楽への強い愛を捨てきれない彼は、ベートーヴェンの側にいることを自ら望むようになる。

「私にはいまやらねばならないことがたくさんあります、でも来ることに気兼ねしているわけではありません。ただ私に役目を振ってくだされればいいのです。――そうしたら私はあなたに従います」(7)

やがて青年は、ルドルフ大公の大司教就任式に「おとも」するという、秘書としての最初の大仕事も見事にやってのける。

「私はおともしてオルミュッツに行くことを決意いたしましょう。両親を訪ね

る機会にもなりますし」

「すべてはうまくいきました、オルミュッツから書き送った手紙のとおり、大公はとてもお喜びでした」

そして青年は、ついに法学を捨て、音楽の世界へ本格的に足を踏み入れていく。

「私は日曜日と休日にはいつも家にいて、ソナタに懸命に取り組んでいます。今は『悲愴ソナタ』と作品二十六、その他二曲をやろうと思っています」(8)

こうしてひとりの青年を芸術の高みへ導いたベートーヴェン。それはまさに、シンドラーの『ベートーヴェン伝』が描く、高潔な人格と威厳をたたえた楽聖の姿だ。シンドラーは震えた。すごい。こんな風に、ノートを介して、理想のベートーヴェンと会話できるだなんて。

ひょっとして最高じゃないか、これ。

まさかの高揚感だ。顔が赤らんできた。やりすぎたらまずい。ボロを出す危険性が高まってしまう。わかっているのに止められない。もっと、この理想のベートーヴェ

ンに語りかけたい。たとえばフェルディナント・リースについて。マエストロ。あの弟子は本当に、あなたの忠実なるしもべといえるでしょうか？

「彼はいつも作曲に明け暮れているので、あなたの作品を演奏する時間もなければ努力もしていないのでしょう――かつて学んだあなたの作品もとうに忘れてしまっていますよ、聞くところによれば」(9)

あいつが、俺の作品を忘れてしまった？　愛弟子の心変わりを知らされ、ベートーヴェンは失意に打ちのめされる。そんな彼を慰めるように、シンドラーはこんな決意表明の言葉を書きつける。

「高潔なるマエストロ、私は神にかけてあなたに約束します！　私はリースのようにはなりません。あなたが私に教えてくださったことは、この世界の何ものによっても排除されません。そして私のもっとも高尚な目的は、あなたの教えを他人にさらに伝えていくことです。そういうつもりで、あなたは私にそれを教えてくださったのですよね」(10)

ニセの美しい思い出を創造する。その犯行は、目もくらむほどの甘美をもたらした。

夢見るような時間が過ぎていった。ノートに余白を見つけると、すぐさまセリフを書き込んでいく。書き込むごとに、ベートーヴェンは現実を超えて、神々しい輝きを増していく。

若きシンドラーに嘘のセリフを言わせることによって、その対話相手であるベートーヴェンにも嘘をつかせる。

それはある種の無理心中であり、自爆テロに他ならない。いわゆる「おまえを殺して俺も死ぬ！」というやつだ。死んでもらう代わりに、さんざん自分を虐げた罪も、甥のカールを自殺未遂にまで追い詰めた罪も、すべてわが手でもみ消してやる。万一、世間にバレたとしても、罰を受けるのは捏造犯の自分だけだ。それでも構わない。ここまでの覚悟を持ってベートーヴェンを描こうとするやつが、果たして自分以外にいるだろうか。

いまや彼は、一介の秘書から、命がけでアーティストの名誉とイメージを守るプロデューサーへと変貌を遂げていた。現実などいらぬ。理想こそが真実だ。眼鏡がノートにくっつくほどに身をかがめ、一心不乱に鉛筆を走らせるひとりの男の姿がそこに

あった。

ノートの随所にちりばめられた嘘の数々。その中のいくつかに、致命的な、しかも間抜けとしかいいようがない落とし穴がひそんでいたことに、彼は人生の最後まで気づかなかった。

ベートーヴェン・グローバル化大作戦

年明けて、一八四一年。シンドラー四十六歳。

前年のドイツ語オリジナル版に続いて、英訳版の『ベートーヴェン伝』が刊行された。

翻訳を手がけたのは、ロンドン在住の音楽家イグナーツ・モシェレス。ベートーヴェンが死の床にあった時期に、ロンドン・フィルハーモニック協会の見舞金の件でシンドラーとまめに手紙を交わしていた相手だ。モシェレス自身も何度かウィーンに滞在し、ベートーヴェンと親しく交友していた時期がある。翻訳者として適任だ。

伝記を書き始めた当初から、シンドラーは英訳版の出版を念頭に置いていた。それだけに、刊行が決まったときの喜びはひとしおだった。ドイツの国民的作曲家の生涯

を、英語圏にも一気に拡散してやる。

その目論見《もくろみ》は成功した。英訳版の刊行によって、シンドラーの著作は世界的スタンダードの名を得るに至った。なんとも痛快なオマケもあった。モシェレスが書いた英訳版序文のなかに、シンドラーはこんなくだりを見つけた。


一八一四年（…）私はシンドラー氏を知っており、彼が当時ベートーヴェンとよく一緒にいたのに気づいていた。しかし、シンドラー氏と知り合いであることを利用して、ベートーヴェンのところに押しかけるような真似はしなかった。(11)


一八一四年といえば、シンドラーがウィーンにやってきてまだ一年足らずの頃。まだ学生で、愛国運動にまっしぐらだった。ベートーヴェンと「よく一緒に」いるわけがない。モシェレスは翻訳にあたってシンドラーの原文を精読しているうちに、彼の紡《つむ》ぐストーリーに洗脳されてしまったのだろう。本当はいなかったのに、いたはずだと思い込んでしまった。

とうとう、他人の記憶さえも書き換えてしまった。

笑いがこみあげる。物語を世に流通させることによる悪魔的な効果を、彼はあらた

めて実感した。行ける。この手法で、世間をもっとだましてやる。

勢いづいたシンドラーは、次々と新たな著作を送り出した。

パリにおけるベートーヴェン演奏の実態を記した『ベートーヴェン・イン・パリ』（一八四二年）、そして『会話帳からの部分引用集』（一八四五年）。これらはいずれも、一八四五年刊行の『ベートーヴェン伝』（第二版）に付録として収められた。

シンドラーが筆談用のノートの内容を詳《つまび》らかにしたのは、この『引用集』が初めてだった。『ベートーヴェン伝』に登場するエピソードのエビデンスを開示して、信頼度をアップさせるのが狙いだ。その引用集のなかに、シンドラーはすでに改竄したセリフも多数盛り込んだ。たとえば、『交響曲第七番』第二楽章のテンポに関するシンドラーのセリフも、新たに書き加えたものだった。

「そうしたらイ長調の交響曲の第二楽章は♩＝80で演奏すべきですか？」(12)

伝記に書いた以下のエピソードの証拠を示したいがために、シンドラーはこんなセリフをでっちあげたのだ。

晩年にこの交響曲の演奏に触れた作曲者は、不機嫌にこう言った。アレグレットの楽章の演奏があまりに速く、意図した特徴が失われてしまっている、と。行く末を案じたベートーヴェンは、アンダンテ・クワジ・アレグレット（アレグレット風のアンダンテ）という発想記号をこの楽章に付記し、さらにメトロノームの速度記号♩＝80を添えてテンポの誤解を一掃しようと考えた〔『交響曲第七番』第二楽章について、アレグレットより遅いテンポを指示したという意味〕。(13)

シンドラーは、この箇所以外にも、メトロノームの速度に関する改竄を大量に行っている。自身の演奏理念を、作曲者本人から与えられた指示のように見せかけたかったのだろう。テンポは演奏者の人数に応じて変えるべきだが、そもそもベートーヴェンの作品に大規模なオーケストラ編成はふさわしくない。それがシンドラーの主張だった。これもフェルディナント・リース批判の一環だ。一八二五年から一八三七年にかけて、リースはニーダーライン音楽祭の音楽監督を務めている。アーヘン、デュッセルドルフ、ケルンの持ち回りで毎年開催され、五百人近くの演奏者と何万人もの客を動員する、音楽フェスのはしりといってもいい活気にあふれた音楽祭だ。オラトリ

オヤ『第九』のようなスペクタクル作品ならさておき、中規模の交響曲をどんちゃん騒ぎのノリで演奏するなんて！ シンドラーはかねてからそのことに憤っていたのだ。

一方、会話帳のオリジナル箇所も「引用集」に多数収めた。シンドラーとベートーヴェンによる以下の連続した会話もそのひとつだった。

「私は彼〔ガレンベルク伯爵、ジュリエッタの夫〕のことはあまり尊敬できないですね」

（シンドラーの書き込み）(14)

「じつは俺は彼の隠れた恩人なんだ」

（ベートーヴェンの書き込み）(15)

「俺は彼女の夫よりもずっと彼女に愛されていたんだ」

（ベートーヴェンの書き込み）(16)

シンドラーは、『ベートーヴェン伝』（第一版）にて、遺品のひとつである「不滅の恋人」へのラブレターを紹介し、この手紙の宛先はジュリエッタ・グイチャルディだと断じていた。その根拠を示すべく、シンドラーはノートのこの部分の公開に踏み切

った。ベートーヴェンは、確かに恋愛や女性に対して浮《うわ》ついたところもなかったわけではない。ただしそれには事情がある。実は彼は、人生で唯一の恋情を、人知れず胸に宿《やど》し続けていたのですよ。そう、高貴な身分の女性であるジュリエッタという本命がいたからこそ、他の女は適当にあしらっていたのです、というわけだ。

言い訳としてはだいぶ苦しい。だが、本当にジュリエッタが不滅の恋人だったのかどうかはどうでもいい。ベートーヴェンをめぐるロマンティックなラブストーリーが有名になってくれさえすれば、リースが『伝記的覚書』で描いた軽薄なイメージは弱まるだろう。責めるなら、私ではなくリースかご自身を責めてください、マエストロ。あの愛弟子があなたの若き日のアバンチュールを無邪気に暴露したせいで、私がこんなしょうもない裏工作をしなければならなくなったのですよ？

ところで、「会話帳（Konversationsheft または Konversationsbuch）」という言葉は、おそらくベートーヴェンの存命時には存在していなかった。仲間内ではただぞんざいに「ノート（Heft）」や「メモ（Notiz）」と呼ばれていた生活用品に、シンドラーはあえて名前を付け、このノートが稀有な存在であるとアピールした。

特別な名前やキャッチコピーを付けるのは、シンドラーがもっとも得意とするブランディング戦略だった。『交響曲第五番』は「運命は扉を叩く」、シューベルトの音楽

は「神のごとき火花」、そして自分自身は「無給の秘書」。シンドラーの著した『ベートーヴェン伝』が長年にわたって読みつがれた最大の理由は、この命名のインパクトにあったといってもいいだろう。一市民音楽家の人生が、ただならぬ神話のように見えてくるマジックだ。

シンドラーは、ひそかにこんなニセのセリフをノートに書き込んだりもした。会話帳という言葉がはるか昔から使われていたかのように。

「私は昔の会話帳を読み返したいのです」(17)

「これ〔会話帳〕は必要です、あなたはすべてを覚えておいでではないでしょうから」(18)

ベートーヴェン、秘書の夢枕に立つ

一八四三年、シンドラーはさらに新たな作戦を練りはじめた。

公的機関に会話帳を献上しよう。

会話帳が、ルートヴィヒ・ヴァン・ベートーヴェンの最重要遺品であると国家に認めさせるのだ。ターゲットはベルリン王立図書館（現ベルリン国立図書館）。プロイセン王国最高峰の文書保存施設だ。

当時のプロイセンはベルリンを首都とし、西のラインラントから現ロシアの一部まで幅広い地域をおさめる国だった。先代のプロイセン王フリードリヒ・ヴィルヘルム三世は『ミサ・ソレムニス』の筆写譜版の購入者のひとりであり、『第九』の献呈先でもある。会話帳も音楽作品と同等の価値があるとアピールしよう。三月、彼は会話帳と他のいくつかの所持資料の売却を図書館に打診した。

あいにく反応はかんばしくなかった。仕方がない。七月、シンドラーは重い旅行鞄を抱えて、ベルリンへ赴いた。図書館音楽部門のライブラリアン、ジークフリート・ヴィルヘルム・デーンに何度か面会したり、持ち込んだ資料をいろいろな文化人に見せびらかしたりと、忙しく立ち回った。

だが、この営業活動もあまり効果がなかった。ベルリンの識者の中には、会話帳を「文学的珍品」と評した人もいた。はっきりいって皮肉である。どれほど言葉を尽くして説明しても、彼らにはいまいちピンと来ないようだった。だってこれ、ぜんぶベートーヴェンの直筆ならまだしも、ほとんどがそうじゃないんでしょ？　言うほどの価値があるとは思えませんけどねえ？

わからんやつらめ。シンドラーのいら立ちは日を経るごとにつのっていく。そのストレスがピークに達したのだろうか。ベルリン滞在の終盤になって奇妙な幻がちらつきはじめる。ベートーヴェンの亡霊がシンドラーの夢枕に現れたのだ。彼が当時つけていた旅日記にこんな文面が残されている。

九月二十一日。アーヘンのベルタ・ハンゼマンに手紙を書く。夜、夢を見た。俺はベートーヴェンと、ウィーンのシュヴァルツシュパニエルハウスで一緒に話していた。俺は彼にいやな体験を伝えた。俺がここで彼の遺品に対してやったこと［ベルリンで行った遺品売却の営業活動］を。ベートーヴェンは俺の言葉に静かに耳を傾け、それからしばし押し黙り、深くうなだれて、こう言った。「悲しむことはない。ボンの市長に手紙を書くんだ。遺品をすべて、ボンに建てられる予定の像の足元に埋めこんでもらうように。それがもっとも安全だから」その言葉はひときわ大きく響き、俺は目を覚ました。最後の言葉がまだリアルに耳に残っていて、俺は本当にベートーヴェンがいないかどうか焦って部屋を見回した。おかしな夢だ……！(19)

狂気の前兆か。はたまた、シンドラーの胸のうちに残っていた最後の良心が見せた

夢か。

彼はその恐ろしい夜をやり過ごし、かろうじて正気を持ちこたえた。そして数週間後、何事もなかったかのような平静な顔つきで、ふたたび重い旅行鞄を抱えてベルリンをあとにした。亡霊なぞを恐れてたまるか。真に怖いのは、おしなべてこの世の人間ではないか。

もうひとり の秘書、反撃に出る

ベルリンでシンドラーが奇妙な夢を見ていた頃。

ウィーンではカール・ホルツが動きはじめていた。

シンドラーのインチキ伝記の拡散を食い止めるには、頓挫《とんざ》した伝記プロジェクトを十数年ぶりに復活させるしかない。そう決意したホルツは、新たな執筆者として、音楽家であり文筆家のフェルディナント・ジーモン・ガスナーを立て、伝記の執筆権を委《ゆだ》ねる書状をしたためた。


同封した宣言書〔ベートーヴェンの自筆の伝記執筆許可状〕で私に与えられた権利を、友人であるカールスルーエ在住のガスナー博士に譲渡するにあたり、

私は、彼が扱う資料が真っ当な価値を持っており、明らかに年々増えている偉大なマエストロのファンに与えうる、もっともオーセンティックですぐれた記録的伝記になることを確信しております。私は、所持している莫大な量の情報をガスナー博士の計画のために提供するのを約束するだけでなく、ベートーヴェンと交流のあったあらゆる存命の友人たちに働きかけ、もっともきちんとした出所による、まだ知られていないオリジナルの情報が使用され、すでに出版されている不十分な伝記の誤りが正されるときまで尽力いたします。（…）

一八四三年十一月四日　カール・ホルツ
コンセール・スピリチュエル指揮者(20)

タッグを組んだプロデューサー・ホルツと著者のガスナーは、熱心に資料集めを進めた。彼らにあってシンドラーにないもの。それは、ベートーヴェンの家族や周辺人物との信頼関係だ。「まだ知られていないオリジナルの情報」を集めるべく、彼らは弟ヨハン、甥カール、弟子のチェルニーといった人びとに支援を求めた。加えてガスナーは、『伝記的覚書』の著者のひとり、フランツ・ゲルハルト・ヴェーゲラーにも手紙を書き送った。十年以上前、自分の老齢を理由にシンドラーと縁を切ったヴェー

ゲラーは、八十歳になってもしたたかに生きながらえていた。

まずもって私に課せられているのは、シンドラーの仕事のなかのまぎれもなく不正確な部分（それははっきりさせるべきものです）を否定し、ベートーヴェンに関する新事実を知ることです。(21)

ガスナーは、手紙のなかではっきりとシンドラーの名を出している。シンドラーの嘘は、当事者界隈ではもうバレていたのだ。

シンドラーの息の根を止めるには、これだけではまだ足りない。一八四五年の夏、ホルツは意気揚々と旅に出た。行き先はベートーヴェンの生まれ故郷の街ボンだ。懐《ふところ》には甥カールから譲り受けた極上の「ネタ」が仕込まれていた。不敵な小悪魔は健在だ。ちょいと汚い手を使ってやりましょうか、アントン・フェリックス・シンドラーさん。ナイフなんか使わなくたって、ひとを殺すことはできるんですよ？

プロデューサーズ・バトル

一八四五年八月、ボン。

ライン河畔の小さな街は、貴賓《きひん》と音楽家と物見の客であふれかえり、カーニヴァルさながらの大賑わいとなっていた。

ベートーヴェンの生誕七十五年を祝して建立《こんりゅう》された「ベートーヴェン像」の除幕式が開催されるのだ。

ベルリンでシンドラーが見た夢に登場した「ボンに建てられる予定の像」とは、十年がかりで建立計画が進んでいたこのブロンズのベートーヴェン像のことだ。二十一世紀の現在でも、街のシンボルとして広場にそびえている。

シンドラーは必ずや除幕式に現れる。ホルツはそう確信していた。ベートーヴェンを称える大イベントを、あの男がスルーするわけがない。やつが書いた『ベートーヴェン伝』の第二版も、このタイミングを狙ってリリースされているのだ。新しい付録「会話帳の部分引用集」を添えて。結局、あいつが筆談用のノートをまるごと持ってたってわけだ。腹立たしい。

なに、こっちだって飛び道具がある。ホルツは動いた。シンドラーと直接顔を合わせる気はない。彼はこっそりと、式典に、コンサートに、レセプションに、カフェに、酒場に、音楽家たちの立ち話の間にもぐりこんでは、色々な人に「ネタ」を見せて回った。

シンドラーというのは軽蔑すべきやつで、俺はこのろくでなしには直接かかわりたくないので、彼への数行ばかりの手紙をおまえ宛に書き送ろう。(22)

ベートーヴェンが甥カールに宛てた手紙の一節だ。みんなびっくりして見入る。そして噴き出す。何これ？　ププッ。ね、笑っちゃうでしょ？　ホルツはささやく。みなさん。いまボンのあちこちでシンドラーの『ベートーヴェン伝』最新版が売られてますけどね。ベートーヴェンにこれだけ嫌われていたやつが、腹心の秘書気取りで伝記を書いてるってどう思います？　ヤバくないっすか？

ホルツの戦法は陰湿かつ効果的だった。シンドラーは、この狭い街のなかであっという間にヒソヒソされる立場になってしまった。おまけに、シンドラーがベートーヴェンの遺品の数々を不当に所持していて、それを図書館に売りさばこうとしているという噂も出回りだす。おのれカール・ホルツ。ふざけるな。ナイフで刺してやりたいが、当人の姿はどこにも見当たらない。この手のイジメめいた攻撃は精神的ダメージが大きい。しかも式典が終わった翌月、九月十六日付の『ウィーン新聞』にとんでもない記事が載ってしまう。それは、自称「ベートーヴェンの友人」たるシンドラーを

徹底的に嘲笑した内容だった。

シンドラー氏がパリで自分の名刺に「ベートーヴェンの友人」と書くなどという愚行に出たために事が起きたとすれば、筆者には理解しかねる。それどころか、これは彼の品位を汚す陰険な行為だと言わねばならない。というのも、シンドラー氏がベートーヴェンの友人だと自称したとしても、ベートーヴェンも彼を友人だと思っていたとは到底いえないからだ。(23)

匿名記事だが、ホルツかその一味の誰かの仕業としか思えない。シンドラーは怒りに震えた。長々しい抗議文を書いてウィーン新聞に送りつけてやったものの、それだけでは腹の虫がおさまらない。反撃してやろう。こっちには会話帳がある。翌月の十月七日、シンドラーは『ケルン新聞』で新連載をスタートさせた。第一回のコラムは「ベートーヴェンのファンのために」と題して、会話帳を次のように紹介した。

会話帳の内容は、学問、芸術、人生、特に彼〔ベートーヴェン〕の生活を含んでいる。これに類似した遺品はまたと存在しない。ベルリンのさる高名な学者は、この会話帳を「文学的珍品」と呼んだが、私はこの会話帳を「魔法の

書」と名づけたい。必要とあらばこの本によって、故人を証人として引用することができるのだから。(24)

魔法の書！　シンドラーのネーミングセンスが炸裂する。「会話帳」からのさらなるグレードアップだ。ここから本格的な攻撃が始まる。第二回のコラム「ベートーヴェンの会話帳と彼の人生の視点」で、シンドラーはホルツを名指しで批判しにかかった。

ベートーヴェンのような非凡な人に対して影響を及ぼし、陰謀に巻き込み、知人や友人らを容赦なく疑ったり締め出したりした人物に、多くのベートーヴェン・ファンのみなさんは関心を寄せておられるにちがいない。(…)幸いにして約十八ヶ月の短い期間ではあったが、これまであまり知られてこなかったホルツ氏の強く非難すべき媚びへつらいは、ベートーヴェンの神経過敏さ、不信感、そしてときおり現れる子どもっぽい気まぐれを助長させ、心の奥底では高潔であるベートーヴェンをたびたびおかしくさせてしまった。(25)

まるでホルツが、ファウストをそそのかすメフィストのごとくベートーヴェンを洗

脳し、悪の道に誘惑したといわんばかりだ。ホルツが書き込んだ会話帳を捨てずにおいて、本当によかった。見よ、ボンで私をあざ笑った諸君！　ホルツだってかようなクズ男なのだ！

すると、ケルン新聞社宛に記事の掲載依頼が届いた。「シンドラー氏からの激しい糾弾《ピリッツピカ》を受けて」――ホルツの署名による声明文だ。ようやくツラを出しやがったな。新聞社からその文面を入手し、ほくそ笑みながら読んでいた矢先、シンドラーはあるくだりにはっと目を留めた。

〔ガスナーが出版する予定の〕この伝記は、捏造された、あるいは盗難された会話帳に基づくものではない。偉大なるマエストロ自らの言葉によるものであり、純正な証人たちも、シンドラー氏を排除した上での事実を詳しく語ってくれるだろう。(26)

「捏造」――その言葉にシンドラーは凍りついた。――ついにバレたか⁉　いや、いや。落ち着け。改竄箇所を具体的にあげつらってきたわけじゃないのだから。単に、カマをかけてきただけだろう。

幸い、ケルン新聞社側はシンドラーの側を信じてくれたとみえて、この文面の掲載は見送られることになった。ほっと胸をなでおろす。ざまあみろだ。キャンキャン吠えてろ。

ところがホルツは、文面がボツにされたのを知って他の新聞社にも同じものを送りつけた。結果としてこの声明文は、十一月になってから『ウィーン音楽新聞』に掲載されてしまう。最悪だ。

ケルン新聞の方でもまた新たな動きが起きた。ウィーン音楽新聞への掲載と同じタイミングで、匿名の意見書が送られてきた。

「シンドラーはそもそもノートを公開すべきではないか?」
「シンドラーはベートーヴェンの証書によって正統性が保証されている人物なのか?」(27)

そんな疑問が書き連ねてある。郵便の消印はコブレンツだ。コブレンツ⁉ シンドラーは腰を抜かした。あの長生きジジイのフランツ・ゲルハルト・ヴェーゲラーか。それとも、ヴェーゲラーのふりをしたカール・ホルツか。それとも、その両者がいつの間にか結託したのか。あるいは第三者のイタズラか。

真相はわからないが、とにかく黙らせなければ。シンドラーはケルン新聞に再度、記事を書いた。

卑怯な容疑者は、おのれの名前を公にしたらいかがなものか。そうしたら彼は、会話帳の編集にたずさわるという名誉のおこぼれにあずかる資格を得るだろう。物理的にも道徳的にも近視眼じみた彼の視界をはっきりさせるには、特製のルーペをあてがってやらねばならぬ。(28)

紙上での論争は、いったんここで終息をみた。匿名の攻撃というのは、決してインターネット時代に始まった話ではない。相手の見当はついているとはいえ、名乗らぬ誰かに非難されるのは、世界じゅうの人びとが敵に回ったも同然の恐怖感がある。さすがのシンドラーも心身ともにボロボロに成り果ててしまった。もう炎上はこりごりだ。

ドイツよ、ベートーヴェンを守れ

そんなシンドラーのもとに、年明けてまもなく朗報が飛び込んできた。

ベルリン王立図書館から、会話帳やその他の資料の購入を了承する正式な知らせが届いたのだ。

新聞上での論争のおかげで「会話帳」への世間の関心が高まり、それが図書館の購買意欲をそそる結果になったらしい。シンドラーの心労はたちまちふっ飛んだ。カール・ホルツ。俺は勝ったぞ。むしろ、おまえのおかげだ。ありがとう、愛すべき宿敵よ。

売却予定日が迫るなか、シンドラーは会話帳の山を再び引っ張り出し、鉛筆を握りしめた。まったく俺は悪運が強い。もう少し早く売却が決まっていれば、たとえ攻撃を受けてもこんな復讐はできなかっただろう。

破棄は一切しない。ホルツに関係した書き込みはすべて残す。そうした方が、この男の享楽的な側面がより伝わりやすくなる。たとえば甥カールのこのセリフは残す価値大だ。

「ホルツはとても大酒飲みです。昨日僕たちは一リットルを空けました」(29)

編纂者よろしく、シンドラーはそのセリフに強調線を引いた。「ホルツ氏に関する

甥の見解　二十ページ目」と注記まで書き添える。みなさーん、注目！　ホルツときたら、たらふく酒を飲んで、甥っ子を悪の道に誘惑していますよ！
ホルツの書き込みが特に多い百三十三番目の会話帳には、四枚にもわたる詳細な解説を添えてやった。この世ではじめてのカール・ホルツ論だ。署名の日付は「一八四五年七月」としておいた。一八四五年秋以降の一連の論争より前に書いたことにせねば、単なる逆恨みで悪口を書いていると思われてしまう。

このとんでもない大食らい大酒飲みの生粋のウィーンっ子〔ホルツ〕は、ほどなくベートーヴェンの台所と酒蔵を乗っ取ってしまった。こんなことは、同じくらいつきあいのある人間であっても、厚かましくてとてもできたものではない。まさにホルツ氏は、家計に関する「ベートーヴェンの執事長」であった。彼〔ベートーヴェン〕が晩年の時期に自ら告白したところによれば、彼は一八二五年から二六年の冬に、ことあるごとにホルツから誘われさまざまな酒場に連れ回されるという不適切な生活を送り、それによって健康を著しく害してしまったということだ。(30)

ホルツめ。おまえもリースと同じで「しゃべりすぎ」なんだ。それがとんだアダと

なったようだな。おまえが大酒飲みな証拠なんて、この会話帳の上にいくらでも転がっているんだからな。
それだけでは済まない。ホルツの悪行を指摘するセリフも新たに会話帳に書き加えてやろう。

「ホルツはおしゃべりすぎます。なので私とはそりが合わないんです。あなたには残念ながらそれが聞こえていないんですよ」(31)

ベートーヴェンと疎遠にしていた期間も、自分はベートーヴェンの家をときおり訪れ、こうした適切な助言をしてやっていたことにしよう。疎遠にしていた理由はこうだ。

「ホルツと他の人びとによる数々の陰謀が苦痛なのです、だから足が遠のいていたところでした。けれど手紙を書いてよこしてくれれば、いつでもすぐにお答えいたします」(32)

諸悪の根源であるホルツ宛の伝記執筆の許可状も、価値をおとしめなければ。あの

許可状が書かれたのは一八二六年八月。ベートーヴェンの死の約七ヶ月前だ。彼を心変わりさせるにはじゅうぶんな時間がある。こんな筋書きはどうか。死が迫るにつれ、正気を取り戻したベートーヴェンは、ホルツに許可状を与えたのを後悔しはじめ、どうしようとシンドラーに泣きついてきた。

シンドラーは鉛筆を走らせ、彼に問い返す。

「ホルツ氏のことですか？」

そうだ。ベートーヴェンは答える。もう取り消すことはできまいが、せめて、他の信用できる人にも伝記執筆を託すことはできないだろうか。たとえば、きみのような。

「親愛なるマエストロ。あなた自身にも責任があります、あなたは彼のさもしさをあまりに寛大に許してしまいましたし、撤回するには遅すぎたのです」

わかっているとも。俺はばかだった。あの男をそばに置いたことも、軽率に許可状を与えてしまったことも。

病床でうなだれるベートーヴェンに、シンドラーは厳しくも温かな言葉をかけてや

る。

「それについては、たびたび嘆かわしく思いましたよ」(33)

図書館に会話帳を売ることは、未来の誰かがそれを閲覧することを意味する。ホルツという人物を後世の研究者が調査するにあたって、会話帳は恰好のソースになるだろう。ホルツだけではない。シンドラーもそうだ。シュパンツィヒやチェルニーほか、ここに筆跡が残されているその他の人びとも。そして、いうまでもなくベートーヴェンも。

その調査の手助けをしてやろうじゃないか。シンドラーは把握している限りの筆跡に赤鉛筆やペンで名前を添えてやった。ノートが使われた時期や、そのときに起きた重要な出来事も、一ページ目の余白に書いておいてやる。大変な労力だ。しかし、これで究極のエビデンスが完成した。未来の人びとは、このノートを親切な注が添えられた情報源として活用してくれるだろう。セリフが大量に改竄されていることに気づかぬまま。

売却は二月十三日に行われた。全部で百三十七冊(シンドラーの換算によれば百三

十九冊）だ。これで「会話帳」は、ベルリン王立図書館の堂々たる所蔵品となった。売却金は、一括ではなく年金型で、毎年四百ターラー（一ターラーが一・五フロリンCMに相当）が支払われることになった。

『ミサ・ソレムニス』の成果報酬をめぐって仲がこじれたのも、『第九』の初演後に盗人疑惑をかけられたのも、すべてはこの金を受け取るための伏線だったのだろうか。「無給の秘書」、ついに「有給の秘書」へ。シンドラーは、悠然とその金を受け取った。ベートーヴェンが知ったら驚きのあまり卒倒するにちがいない。演奏や作曲や指導の報酬でもなく、パトロンからの手当でもなく、ただ持っていた資料を売っただけで定期収入を獲得してしまった音楽家はそうそういるまい。シンドラー、ときに五十一歳。老後の不安も解消だ。

しかし、シンドラーの策略はまだ終わらない。会話帳全冊の引き渡しが無事に完了したにもかかわらず、その翌月、彼はライブラリアンのデーン宛に奇怪な手紙を書き送った。

〔会話帳のうち〕二冊だけはまだ私が保管しております。その中には悪臭を放つたぐいの「ホルツィアーナ」があり、それはいつか必要に迫られた際に、私

が処理すべきものです。(34)

ホルツィアーナ――つまりはホルツの書き込みがある二冊をまだ手元に保管している、とシンドラーは告白したのだ。妙な話だ。当然ながら図書館側は、この二冊を引き渡すように要求した。シンドラーはこれをいったん拒否し、次のような返信を書いた。

二冊の内容は、他のすべてをはるかに凌駕するものでございます。(…)そこには、皇帝ならびに皇太子〔プロイセン王フリードリヒ・ヴィルヘルム三世とフリードリヒ・ヴィルヘルム四世の意〕、それから王家の高貴な方々に対する無礼かつ放埒《ほうらつ》な攻撃が含まれていたのです。(…)もし軽率な人間の手に渡ったとしたら、その内容がいかに悪用されてしまうことか! そう思う一方、私にはこれらを処分できぬ理由がございました。というのも、私には、緊急事態に晒された際に、ホルツ氏の中傷的な策動に抗う必要があったからです。これこそ、私が三月十日付の手紙の中で、ライブラリアンのデーン氏に「ホルツィアーナ」として指摘した二冊の会話帳です。そのことをデーン氏に伝えたときは、私はこの忌まわしい二冊が自分の文書コレクションの中にまだきちんと

保管されていると、固く信じておりました。まもなく私はその二冊を探してみようと思いましたが、あいにく紛失したものとみえ、探しようがないことが判明しました。(…)私は確信しております。閣下がそのような文書の内容をご存じになったら、王立図書館が至高の御方に対する放埒な攻撃を保管する場所にならぬよう、火に投げ込めとすぐに命じられると。(35)

いうまでもなく、こんな二冊の会話帳などこの世に存在していない。おかしなタイミングでこの二冊の存在をでっちあげたのも、紛失したと言い張ったのも、故意のパフォーマンスだ。なぜ、こんな茶番が必要だったか。ホルツをプロイセン王国のブラックリストに入れてしまうためだった。会話帳を図書館に納めたあと、ホルツの一味が漁《あさ》りに来たらまずい。プロイセン王に危害を及ぼす恐れのある危険人物だということにしてしまえば、図書館は彼らを出入り禁止にしてくれるだろう。ただでさえ、国王の暗殺騒ぎがあったばかりで、王室は反体制的な動きにピリピリしているところだった。

片やシンドラーは、いまやプロイセンの忠実なしもべとして報酬を授かり、老後の生活を保障される身だ。かつての学生運動の志士は、国王の冠《かんむり》の前にうやうやしく平伏する。偉大なる陛下。あなた様の目に触れるまでもなく、あの忌まわしい文書は、

私が手を汚して秘密裏に処分しておきましたゆえご安心くださいませ。そして私が検閲し選び抜いたデータだけを、ベートーヴェンの真実としてお納めくださいませ……。

先のシンドラーの手紙の日付は、一八四六年七月二日。それは、ドイツ三月革命が起き、長年ヨーロッパを支配してきたメッテルニヒが失脚するまであと二年足らずというタイミングだった。かつて曲がりなりにも学生運動の前線にいた男であるシンドラーが、王立の機関とコンタクトを取っているさなか、その政治的な気配に感づいていないわけがなかった。おそらく、彼はこんな予想もしていただろう。メッテルニヒ体制の崩壊は、三十年越しにドイツ・ナショナリズムがよみがえり、ウィーン会議時代の学生が夢みた統一ドイツが誕生する前哨となるだろうと。

だからこそシンドラーはベルリン王立図書館に会話帳を売った。未来に誕生するであろうドイツ国家へ、ベートーヴェンの最大の秘密を引き渡した。ルートヴィヒ・ヴァン・ベートーヴェンはドイツが世界に誇るべき音楽家だ。俺は『ベートーヴェン伝』でもってそれを証明した。敵に彼の弱みを握られてはならない。ドイツは、俺に代わって、会話帳を徹底的に守れ。俺がついた嘘を隠し通せ。これを閲覧することが許されるのは、ベートーヴェンに心酔し、ドイツに忠誠を誓った者だけだ。

かくしてシンドラーは、因縁の会話帳をとうとう完全に手放したのだった。

しかし闘いはまだ終わらなかった。

敵は次から次へと現れる。ホルツとの闘争が進行している真っ最中、もうひとりのブロンドのイケメンがシンドラーを苦しめていた。

ヨーロッパじゅうの淑女を気絶させて回る稀代のピアニスト。

――その名は、フランツ・リスト。「ピアノの魔術師」の異名を取り、『超絶技巧練習曲』や『ハンガリー狂詩曲』などで音楽史に燦然《さんぜん》と輝く作品を残したその人だった。

第三場　嘘VS嘘の抗争

「私はまったく矛盾していません。昔の会話帳を探してください、そこには私の意見がはっきりと表明されていますから」(1)

『ベートーヴェンの会話帳』より、アントン・フェリックス・シンドラーによる改竄の書き込み

嘘が生まれた場所

話は大きくさかのぼる。

一八二三年。

ベートーヴェンが亡くなる四年前。

ウィーンのカリスマピアノ教師、カール・チェルニーは確信していた。わが愛弟子のフランツ・リストは天才だ、と。レッスン料は一切とらず、チェルニー自身の言葉を借りれば「弟のように」この少年を愛した。少年の生まれは、ウィーンから約百キロ南方にある小村ライディング。世界のどこにでもある片田舎だ。オーストリア帝国領内のハンガリー王国に属する村だが、父親はドイツ系で、リスト自身もハンガリー語は話せない。青白い顔をした、風変わりな美少年だった。独身で、年老いた両親を養いながら日に十二時間のレッスンを粛々《しゅくしゅく》とこなして生きてきた三十代のピアノ教師は、少年の成長を温かく見守るうちに不可思議な思いにとらわれた。まさか自分がこんな風に他人に心を注ぐだなんて。

だが、蜜月は長くは続かない。リストの父アダムは、息子が十二歳になろうという頃、ヨーロッパ各地への演奏旅行の計画を立てだした。作曲を本格的に教えようと思っていた矢先だった。手放すのは不本意だ。ただ、そうしたドサ回りの旅も、ピアニストにとって必要な経験だとチェルニーにはわかっていた。とりわけ、華やかなテクニックで聴衆を熱狂に巻き込む、今どきのヴィルトゥオーゾ・ピアニストにおいては。

だとすればせめて、少年を世界に送り出すためのはなむけをしてやらねば。送別演奏会を催して、ウィーンの重鎮を招待しよう。もしそのゲストが、拍手を送りながら

舞台に上がり、少年の額に称賛のキスでも与えてくれたとしたら。最高の演出だ。チェルニーの脳裏に、旧師のしかめっ面が浮かんだ。

とはいえ、師とはしばらくご無沙汰だ。突然お願いをしに押しかけるのも気が引ける。幸い、ベートーヴェンの家には新しい秘書が居着いていた。アントン・フェリックス・シンドラーという男だ。相談を持ちかけたところ、彼はいささかもったいぶった様子ながら、仲介役を引き受けてくれた。

何度かの交渉を重ねて、五月頃にようやく訪問の許可がおりた。シンドラーの指示にしたがって、チェルニーは、リストの父アダムをベートーヴェンの宅に送り込んだ。アダムは差し出されたノートを神妙に受け取ると、どぎまぎしながらこう書きつけた。

「あなたとお近づきになりたいと、シンドラー氏に私の願いを何度も伝えてまいったのですが、それがかなえられてまことに光栄です。十三日の日曜に演奏会を催しますので、おいでくださいましたら非常に幸いです」

シンドラーは尽力してくれたように見えた。演奏会の前日には、即興演奏のテーマの提供までベートーヴェンに頼み込んでくれた。与えられた短いテーマを自由自在にアレンジする「即興」は、ピアニストの力量を見せつける絶好のアピールポイントだ。

有名人がテーマを用意してくれたとなれば、それだけで箔《はく》がつく。

「明日の演奏会で即興演奏するテーマをもらえないかと、リスト少年が私までしきりに頼んできているのです。もしテーマをひとつ書き与えてくださるなら、どんなものでも謙虚に……」(2)

そして迎えた本番の日。会場の小レドゥテンザールにやってきたのは、ベートーヴェンの甥カールと、ベートーヴェンの弟ヨハンだった。……ベートーヴェン本人は？即興演奏のテーマは？　期待は禁物だったのだとチェルニーはそこではじめて思い至った。あまりに無謀な依頼だった。だが、シンドラーを頼らずに直にお願いをしていれば、違う結末があったのかもしれない。

どうもシンドラーという男は、いささか夢みがちというか、空回りしがちな人物のようだ。あるとき請われるがままに、自宅でベートーヴェンのソナタや『ディアベリ変奏曲』を弾いて聴かせたところ、彼は涙を流さん勢いで褒めちぎってくれた。それは別にいい。数ヶ月後、大レドゥテンザールでのピアノ協奏曲の演奏を依頼しに来たときにはほとほと困った。自宅やサロンでソナタを弾くのと、大ホールで協奏曲を弾

くのはまったくの別物だ。後者に向いているのは、フランツ・リストのような限られた逸材だけで、自分にそういう資質はない。そう説明してもわかってくれる様子がない。なんとか追い返したものの、その演奏会が大失敗に終わったと聞いたときには凍りついた。おまけに、シンドラーはベートーヴェンと仲違《なかたが》いして秘書を辞めてしまったという。もしや、自分のせいだろうか。真相がわからないまま年月は過ぎ、彼のポジションは、いつの間にかカール・ホルツというさらに若い男に取って代わられていた。

ベートーヴェンの死から十三年後の一八四〇年。

シンドラーは『ルートヴィヒ・ヴァン・ベートーヴェン伝』を出版した。チェルニーにとっては予想だにしない事態だった。何が書かれているのだろう。気になるが、怖くもある。読んだホルツが激怒しているという噂を聞くと、ますます手に取るのがためらわれた。

シンドラーの伝記は嘘八百の代物だ。ホルツはそう主張し、シンドラーに対抗すべく、文筆家のフェルディナント・ジーモン・ガスナーとタッグを組んで、伝記プロジェクトを再スタートさせていた。ホルツによれば、シンドラーは、筆談用のノートを大量に盗み出しただけでなく、勝手に処分したり、中身を捏造している可能性さえも

あるという。

チェルニーの胸に、遠い一八二三年五月の記憶がよみがえった。リストの父やシンドラーがノートに書きつけた言葉。もし、シンドラーがあれに余計な手を加えていたとしたら。

送別演奏会に来てもらえなかったにせよ、リストのベートーヴェンへの尊敬の念はいまなお変わっていない。ベートーヴェンのピアノ作品は、リストにとって大事なレパートリーのひとつだ。最近では、ベートーヴェンの故郷ボンで計画されているベートーヴェン像建立の支援にも精を出している。

もし、愛弟子リストのベートーヴェン・リスペクトを、あの元秘書の陰謀で台無しにされたとしたら。

そんなチェルニーの危惧は的中した。

創作されるベートーヴェン

とき、会話帳の売却前。

シンドラーはノートの上に鉛筆を走らせていた。

「しかしあの少年の即興演奏は、厳密な話、即興と呼んでいい代物ではありませんよ」(3)

こんな改竄はもはや朝飯前だ。明確な目的と、紙の上のわずかな余白。それさえあれば適切なセリフを挿入するのはわけない。

たとえば、即興のテーマを書いてほしいという要請に対して、あたかもシンドラーが難色を示したかのように演出したい。そんなときは右のようなセリフを余白に書き入れればいいのだ。

とはいえ、秘書がケチをつけたせいで、ベートーヴェンがリストへの興味を無くしたように見えるのも望ましくない。あくまでも、ベートーヴェンは自らの意志でもってリストを拒んだ。そう解釈できるようなセリフをさらに書き加えよう。

「先日ややそっけないふるまいをしたつぐないをするべく、明日はリスト少年の演奏会に行かれてみてはいかがですか」(4)

「少年の励みになるでしょう。出かけることを私と約束してくださいますね」(5)

これでバッチリ。情け深い秘書がやんわりと説得しにかかったものの、ベートーヴェンは一貫してリストを拒否し続けた。「あんなチャラチャラした神童なんぞの演奏会に出かける気はない。行きたきゃ、おまえらが行けばいい」と、ベートーヴェンは冷淡に言い放ったのである！

これでどうだ。完璧じゃないか。

いや。

シンドラーは力なく鉛筆を落とした。

ダメだ。全然、ダメだ。

確かに、読み手を誘導するのは簡単だ。でも、過去の記録を書き換えたところで、それが事実になるわけでも、その延長にある未来が変わるわけでもない。これが「魔法の書」の限界だ。

過去の自分を呪いたい。なぜあのとき、リストとベートーヴェンを引き合わせる協力なぞしてしまったのだろう。秘書生活最大の失態だ。当時はまだベートーヴェンに仕えてから半年も経たない頃で、門番気取りで訪問客をあしらったり、チェルニーの

ようなちょっと名のある音楽業界人に頼られるのがうれしかったのだ。うまくいきそうだったのに、あと少しで叶わなかった夢。その切ない思い出が、少年の胸にかえってベートーヴェンへの永遠の憧れを植えつけてしまった。やるべきことは逆だった。門前払いをくらわせて、リストの心に立ち直れないほどの大きなトラウマをこしらえてやればよかったのだ。

シンドラー自身も予想できなかった。よもやあの少年がヨーロッパ随一のヴィルトゥオーゾ・ピアニストになり、しかもおこがましくも、ベートーヴェンの「公式の後継者」を自称することになろうとは。

もちろん、ベートーヴェンが若い世代からリスペクトを受けているのは悪いことではない。

死んで伝説になったロックスターに焦がれるような熱狂ぶりで、若者たちはベートーヴェンを敬愛していた。一八四〇年、当時二十七歳のリヒャルト・ワーグナーは、愛が高じて小説まで書いてしまった。

その小説『ベートーヴェン巡礼』は、なんと、ワーグナー自身をモデルとした若き主人公が、パリからウィーンまではるばるベートーヴェンに会いに行くという筋立てだ。芽が出ずに悩んでいた音楽家志望の主人公は、憧れのベートーヴェンと念願の対

面を果たし、芸術への想いに胸焦がしながら帰路につく。この手の妄想だだ漏れな〝ベートーヴェンもの〟を創作したのは、ワーグナーひとりではない。一八一〇年生まれの作家ヴォルフガング・グリーペンケールによる『音楽祭、あるいはベートーヴェニアーナ』ほか、ベートーヴェンを扱ったさまざまな戯曲や小説が、一八三〇年代の末から次々と世に現れはじめていた。

こんなファンアートまがいの創作は勝手にやればいい。

しかし「公式」は別だ。

ヴァティカンの礼拝堂の天井画制作を許されるのは、教皇から選ばれた画家だけだ。同様に、ベートーヴェンに関してオフィシャルの発信者となっていいのは、彼自身によって選ばれた人物だけだ。その人物とは俺だ。だから俺は『ベートーヴェン伝』を書いた。それ以外の人間が公式を名乗るのは許さん。

『ベートーヴェン伝』（第一版）を書きはじめた時点では、シンドラーにとってリストは大敵ではなかった。シンドラーは、リストやヴァイオリニストのニコロ・パガニーニのような、テクニックを誇示するタイプのアーティストに疑義を示しつつ、その一方で、

天才フランツ・リスト氏がフランスの芸術家を主導するすぐれた資質を持ち、またベートーヴェンの精神をいかに深く理解しているかは周知の通りだ。(6)

と褒めてもいる。「非公式」である限りにおいては、若い世代に文句はつけまいという心がまだあったとみえる。当時のシンドラーにとっての最大の敵は、むしろ年長世代のフェルディナント・リースの方だった。一八三八年に死んだこの「公式の弟子」からいかにポジションを奪い取るか。彼はそのことに躍起になっていた。

ところが、伝記の執筆が佳境に入った一八三九年の秋。シンドラーのあずかり知らぬところで、とうとうリストが動きはじめた。ボンにベートーヴェンの銅像を建てるというプロジェクトに、「公式」のサポーターとして颯爽と名乗りをあげたのだ。

公式化されるベートーヴェン

このプロジェクトがスタートしたのは、四年前の一八三五年十二月。ボンの名士たちによって結成された「設立委員会」が、ベートーヴェン像の建立と、資金募集の声

明を発表した。

ヨーロッパじゅうの人びとが驚いた。音楽家の記念碑や銅像は、ロンドンにあるヘンデル像とハイドン像を除けば世にほとんどなかった。街角に建っている銅像といえば、神々やいにしえの英雄、あるいはときの権力者ばかりだ。いくら死んでなお人気の音楽家とはいえ、ただの文化人を銅像にするのは当時まだ非常に珍しいことだった。

一方、当のボン市民たちはこのプロジェクトに色めき立った。ボンは、ベートーヴェンの少年時代こそケルン選帝侯の庇護《ひご》下で学芸都市として花を咲かせたが、十八世紀末のフランス革命軍の占領によって勢いを失い、プロイセン領となったいまはぱっとしない存在に落ちぶれていた。ベートーヴェンの存在は街の唯一の誇りだ。おらたちの広場に、おらたちのヒーローの銅像が建つんじゃ！

ところが、計画は遅々として進まない。この「設立委員会」は、まったくの経験不足。地方の小さな役場がいきなり大がかりな町おこしプロジェクトを立ち上げてしまったようなものだった。現代のように、イベント業者や広告代理店が世話を焼いてくれるわけでもない。銅像建立の資金集めは、たちまち暗礁《あんしょう》に乗り上げてしまった。バイエルンやプロイセンの王室から協力を得たり、同郷の愛弟子リースがチャリティー演奏会を開催したりして、なんとか「公式」らしい活気を得てきたものの、委員会の中で内紛が起きたり、頼みのリースも急逝してしまったりと、一八三八年頃には再び

動きが停滞してしまう。

フランツ・リストは、この惨状を救うべく立ち上がった。空前の人気を誇るヴィルトゥオーゾ・ピアニストにとっては、記念碑を建てる費用なぞ、ほんのはした金だ。一八三九年十月、彼は、『幻想交響曲』の作曲者である友人エクトル・ベルリオーズ宛の手紙でこう豪語した。

記念碑を建てるのに巨額の費用が必要なわけではないだろう。ウィーン、パリ、ロンドン、合計三回の演奏会でほぼ足りる。(7)

さすがリスト様！　今も昔もスターはチャリティーが大得意だ。前年の一八三八年、ハンガリーで起きた大洪水のためにチャリティー演奏会を開催した経験のおかげで、リストは慣れた様子であっという間に一万フランを集めてしまった。まさに救世主だ。ボンの委員会はリストに対してこんな感謝と賞賛の言葉を寄せた。

ヨーロッパ全土が賞賛する芸術家だけが、その偉大な先駆者に対する深い敬愛の念をもてるのであり、その芸術家は、今後永久に保存されるであろう芸術家と共に本人の名前も不滅とされるのがふさわしい。(8)

シンドラーが恐れていた展開だった。

これは、ベートーヴェンとリストを完全に同一視するかのような危険な発言だ。ましてや、リストはピアニストだ。「同一視」という意味において、危険度は百倍増しといえる。演奏とは、紙の上に書かれた作品を現実の世界において再現する行為だ。そしてピアノは、伴奏が必要なほかの多くの楽器と異なり、ソロ演奏が可能だ。ピアニストがベートーヴェンのピアノ曲を演奏するのは、俳優がベートーヴェン役に扮《ふん》して一人芝居を演じるに等しい。リスト自身ものちにこう言っている。

熱狂と共に書き付けられた作品は、本質的に、諸感情の悲劇的であったり感動的だったりする〝シナリオ〟である。このシナリオは、それを演じる者を通してのみ、語りかけ、歌い、泣き、呻《うめ》き、祈り、高められ、そして喜びの声を上げることが出来るのである！　従ってヴィルトゥオーゾは創造者であると同時に、作者自身でもあるのだ。(9)

高度なテクニックとカリスマ性を誇る演奏家である「ヴィルトゥオーゾ」とは、いわばイタコだ。作曲者の魂を自分の身体に憑依させ、わがことのように嘆きや歓《よろこ》びを

語る。聴衆は、ベートーヴェンに感動しているのか、リストに感動しているのかわからなくなってしまう。神と伝道者を混同し、どちらも一緒くたに信仰してしまう。

こんな邪教は、なんとしても潰してやらねば。一八四一年一月、シンドラーは馬車と鉄道を乗り継いでパリに赴いた。「ベートーヴェンの友人（ami de Beethoven）」とフランス語で刷られた真新しい名刺をたずさえて。リストの憑依芸にかぶれたパリジャンやパリジェンヌの目を醒まさせ、正しいベートーヴェンの姿を広めて回るドイツ人宣教師。シンドラー自身は大まじめにそんなつもりだ。

ところがパリの人びとには、そんなシンドラーの姿は滑稽にしか見えなかった。名刺を渡す人渡す人、みな笑い出す。笑ったのはフランス人だけではない。当時パリに滞在していたドイツ生まれの詩人ハインリヒ・ハイネや若き音楽家ワーグナーまでもが、シンドラーをコケにした。ハイネはこう言った。「おそろしげな白いクラヴァットと悲愴感あふれる顔つきの、不吉なのっぽの男」「天才につけこむ新種」(10) ワーグナーはこう言った。「ひどくもったいぶった男で、その上おどろくほど伝道者じみている」(11) しかもこの名刺の一件は、めぐりめぐって、数年後にウィーン新聞のゴシップにされてしまう。散々だ。アーヘンに戻ったシンドラーは、怒りと憎しみをこめて、パリでのベートーヴェン作品の演奏状況を批判的に描いた『ベートーヴェン・

イン・パリ』を書き上げた。ヴェーゲラーとリースの『伝記的覚書』はフランス語で出版されたというのに、俺のことは受け入れぬとは。けしからん場所だ。

かくしてパリは完全にシンドラーの敵となった。気がつけば、年経るごとに敵がどんどん増えていく人生だ。ベートーヴェン＝リスト旋風は、もう彼ひとりの力ではとどめようがない。こんなエピソードまでもが世間に出回りだす。「リストは少年時代にベートーヴェンと会い、才能を賞賛されたことがある」というのだ。

この噂が、いつどこから出現したのかは明らかになっていない。また、証言者によって内容が微妙に異なる。リスト自身の発言としてよく知られているのは、一八六二年にヴァイマール大公への手紙に書かれた「私はベートーヴェンから聖なるキスを受けたことがある」(12)という一文だ。一八七五年以降にリストが弟子のイルカ・ホロヴィッツ・バーネイに語ったとされる回想では、「キス」の儀式はベートーヴェンの自宅を訪ねたときに行われたとされている。一八五九年に弟子のペーター・コーネリウスが『音楽新誌』に書いた韻文風の記事には、「聖なるキスを受けた」(13)と書かれているものの、対面した場所はぼかされている。一方、一八三八年刊行のグスタフ・シリングによる『百科事典』には、聖なるキスに関する記述の代わりに、ベートーヴェンが「リストの手を取り、彼を『芸術家』の名にふさわしいと称した」(14)という一文が書かれている。つまり、一八三〇年代にはすでにベートーヴェンとリスト

の関わりは噂されていたようだ。

これらのエピソードは、今日ではほとんど否定されている。どうやら、ベートーヴェンの死後間もなく世間でまことしやかに語られだし、いつしかリスト本人もそれを積極的に口にするようになって、やがて「聖なるキス」という尾ひれがつきはじめた――というのが真相のようだ。自己プロデュースに長けサービス精神が旺盛なリストは、この手の無根拠な噂をさも真実のように自分の口で語りだしてしまうことがあった。だって、ファンのみんなの夢を叶えるのが僕の仕事だから。それがリスト様のスタンスだ。話を盛ったからといって、誰が損するわけでもなし。みんなハッピー、みんなフロイデじゃないか。それの何が悪いのだろう？

リストの手法は、シンドラーの手法にそっくりだった。だからこそ、シンドラーはリストを許せない。作り話だ！　と、シンドラーは虚空《こくう》に向かってそう叫んだ。かつてヴェーゲラーにそう叫んだときはただのハッタリだったが、今回ばかりは正真正銘の絶叫だ。俺も嘘つきだが、おまえもとんだ嘘つきだ！

似てりゃいいってもんじゃない

誰もが認める、ベートーヴェンの伝道者ことリスト様。

片や、孤立無援の嫌われ者ことシンドラー。

そんな風に並べるのさえ、おこがましいというべきか。一八四五年八月十二日。リストが美しい金髪をそよがせて、幕の掛かった銅像の前に凛々しく立つ一方、野次馬にまぎれ、背を丸くしてこそこそ広場に現れたシンドラーの姿は惨めきわまりなかった。来るつもりはなかったのだが、十年がかりで完成にこぎつけた銅像の出来映えがどうしても気になってしまったのだ。やつら、いったいどんな「公式キャラクターデザイン」を出してきやがるのか。

銅像の制作者は、若手アーティストを対象としたコンペティションによって選定された。エルンスト・ユリウス・ヘーネルという彫刻家のデザイン案が採用されたものの、「委員会」の大人たちからあれこれ横やりを入れられて、実際の制作はだいぶ難航したという噂だった。

季節は真夏だ。青空の下、一流の文化人から物見遊山の地元民までもが詰めかけた広場に、太鼓の連打や祝砲、トランペットのファンファーレが高らかに鳴り渡り、銅像を覆っていた幕が取り払われた。

シンドラーははっと息をのんだ。その立像は、精巧なレリーフが彫られた立派な台

座の上に祭り上げられてこそいるが、彼自身もよく知る本物のベートーヴェンにそっくりだった。ずんぐりした体型。四角くがっちりした顎《あご》。もじゃもじゃと渦を巻いた髪。上着もズボンも、首に巻かれたクラヴァットも、二十年前の市民の平服そのものだ。マントだけは、多少の神々しさがあるといえようか。古代の英雄がまとうウールの一枚布のように、肩から足元に、ひだを作って長く垂れている。右手には、鉛筆。左手に携えているのは、――もちろん、筆談用のノートではない。楽想を書き留めるスケッチ・ブックだろう。でも、への字に結ばれた頑固な唇は、いまにもこう動き出しそうではないか。「聞こえないんだ。ここに書いてくれ」と。

「似てる……」そんなつぶやきが、ほうぼうから聞こえてくる。式典には、生前のベートーヴェンを知る人たちが参加していた。音楽家のイグナーツ・モシェレスにルイ・シュポア。秘書のカール・ホルツ。旧友のフランツ・ゲルハルト・ヴェーゲラーに、亡きリースの老父フランツ・アントン・リース。そうか、ふうん。似てるのか。人びとはぱちぱち拍手する。生き証人の彼らがそう言うなら、間違いあるまい。あるまいが、どうにも腑に落ちない。本当に、これがベートーヴェンなのか？　この、どこにでもいそうな寸胴《ずんどう》のおっさんが？　式典参加者のひとり、レオン・クロイツァはこんな感想を口にせずにはいられなかった。「大作曲家の表情は完璧に再現されている。それはたやすくわかる。しかし、かなしいかな！　そこに彼の才能が刻まれてい

るのだろうか?」(15)

ほら見ろ。これが世間の反応だ。シンドラーは独りごちた。似てればいいってもんじゃない。俺が『ベートーヴェン伝』で証明したとおりじゃないか。野次でも飛ばしてやろうかと思ったが、広場は別の事態でざわつきだしていた。騒ぎの原因は、ベートーヴェン像が設置された向きだった。除幕式の開催に際して、プロイセン王やヴィクトリア女王といったスペシャル・ゲストは、広場の一角にあるホテルの二階の特別貴賓席に座っていた。ところが、幕の中から姿を現したベートーヴェンは、なんと貴賓席にそっぽを向き、尻を向けて立っていたのだ。やんごとなき人びとは呆然とした。

誰かが企んだのか、単なる凡ミスなのかは知らないが、この演出だけは痛快だ。シンドラーはひそかにそう考えた。「遺品をすべて、ボンに建てられる予定の像の足元に埋めこんでもらうように。それがもっとも安全だから」——夢の中でのベートーヴェンからの提案を思い起こしながら。

＊

除幕式が終わっても、まだ関連イベントは盛りだくさんだ。式典オーケストラと一流アーティストによる大小の演奏会、汽船ベートーヴェン号のライン川遊覧、数々の

華やかなパーティー。街には葉巻やズボンといったベートーヴェン・グッズがあふれ、生家の前はいつも人だかり。フランツ・リストの周りもいつも人だかり。だが、本当にこれが、ベートーヴェンを讃《たた》える行為なのだろうか?

人びとの間には、しらけたような空気が漂いはじめていた。大衆は早くも夢から醒めようとしている。シンドラーはそのムードを察した。それもこれも、広場に突っ立っている、あの本物に似すぎたベートーヴェン像のせいだ。当初リストは、著名なイタリア人彫刻家ロレンツォ・バルトリーニにベートーヴェン像の制作をさせたがったが、委員会がこれを却下してしまったという。金は出しても口は出すなというわけだ。きっとリストは彼自身の似姿のように美しく凜々しいベートーヴェン像を望んでいたにちがいないのに。彼にとっては致命傷というべきだろう。残りわずかな開催期間のうちに何かが起きるかもしれない。魔法を奪われてしまったピアノの魔術師が、玉座から引きずり下ろされるような事件が。

そんなシンドラーの予感は当たった。八月十三日、クライマックスの祝宴がベートーヴェン・ホールで開催された。ひととおりの食事が終わり、最後にみなで杯をかかげる段になって、その事件は起きた。

「ベートーヴェンに祝福を捧げに集まったすべての国民、巡礼者としてここにやってきた人びと、オランダ人、イギリス人、ウィーンの人びとに長い生命と繁栄を」(16)

リストは、長年パリで生活を送っていたため母語であるドイツ語を忘れかけていた。そのため、この乾杯の挨拶はいささかたどたどしいものであった。雄弁なピアノ弾きによる稚拙なスピーチ。その挨拶に会場が一瞬しんと静まったところで、とあるフランス人音楽家がこう叫んだ。

「フランス人をお忘れですな！」(17)

リストははっと青ざめた。ナショナリストを刺激するような失言をしてしまった、と気がついたのだ。彼はすぐさま弁解した。フランスにはもう十五年も住んでいて愛着がありますし、わざとフランス人を外すようなことはしません。それに私は祖国ハンガリーも入れ忘れてしまいました。

この言葉がさらなる波紋を呼んだ。会場全体がざわつきだした。祖国ハンガリー。リストがよく使う言葉だ。しかしリストは本当にハンガリー人といえるのだろうか？

ハンガリー語なんてまるでしゃべれないこの男が。そもそも彼の父親はドイツ系だし、母語もドイツ語のはずだ。そのドイツ語さえ、いまや片言《かたこと》も同然だ。考えてみたら、奇妙な男だ。こいつはいったい何人なんだ?

ハンガリー人でも、ドイツ人でも、フランス人でもない。

故国のないピアニスト、フランツ・リスト。

それまでは羨望と尊敬をこめてリストを仰いでいた人びとの目が、にわかに変わりはじめた。

この得体の知れないはぐれ者が、われわれの敬愛するベートーヴェンを乗っ取ろうとしているのだ。

当時、国や人種に対するアイデンティティに敏感になっていたのは、シンドラーのように学生運動にかぶれた世代のドイツ人ばかりではない。リストと同世代の音楽家フレデリック・ショパンはポーランド人、ロベルト・シューマンはドイツ人、エクトル・ベルリオーズはフランス人。皆それぞれが愛国主義者だ。彼らに刺激され、競うようにハンガリー人を自称していたものの、育ちも生きざまもハイブリッドなフランツ・リストは、よくいえばコスモポリタン、悪くいえばどこの馬の骨ともつかぬペテン師のように見なされがちだった。

ベートーヴェン・ホールは、いつしか世界紛争さながらの大論争の場と化していた。まずはリスト派と反リスト派に分かれ、それがやがて国叩きや人種叩きに発展する。リストはなぜルイ・フィリップ王に祝杯を上げなかったんだ、と文句を言うフランス人。中国の皇帝やタタールのハンにも祝杯を上げよう、と皮肉るイギリス人。侮辱を受けて泣きながらホールを飛び出していくユダヤ人。酔っ払う人。踊りだす人。式典の失敗をなじりだす人。聞くに堪えないヘイトスピーチの嵐。もうメチャクチャだ。

シンドラー自身が、その修羅場の一角にいたかどうかははっきりしていない。もしいたとしたら、彼は自分の書いた『ベートーヴェン伝』を高く掲げて叫んだにちがいない。真に万人に向けたベートーヴェン像は広場のあれではない、これですよ！　と。ドイツ発の世界的ベートーヴェン伝！　これだけが、「公式」のベートーヴェンなのです！　いくらピアノが達者であろうとも、たどたどしいドイツ語しか操れない男が、どうしてベートーヴェンと一体化できましょうか？

シンドラー、元凶に思い至る

この事件によってリストが受けた精神的なダメージはそれなりに大きかった。喝采

も酷評も浴び慣れているはずのスターだったが、同じ業界人であるヨーロッパじゅうの音楽家たちに袋だたきにされたのはさすがにこたえたらしい。青ざめた顔でこの式典の幕を下ろしたリストは、帰路のケルンで病気になり、しばらく静養を余儀なくされてしまった。

バカめ。軽率にベートーヴェンの「公式」を名乗るという罪を犯した罰だ。そう言ってあざ笑ってやりたかったが、同じ罰はすでにシンドラーにも降りかかっていた。式典を終えてまもなく勃発した、ホルツとの数ヶ月にわたる論争で受けたダメージもあいまって、彼も精神的にボロボロに成り果てていた。

ルートヴィヒ・ヴァン・ベートーヴェンの名は、誰の肩にもあまりに重い。どうしてこんなに重くなってしまったのだろう。自分たちで造り出したフィクションの海に溺れて、あっぷあっぷ苦しんでいるようなものじゃないか。わけのわからぬ自己憐憫《れんびん》の情がわきあがってくる。俺たちはとんだバカだ。

でも、自分はまだくたばってはいない。いまやアントン・フェリックス・シンドラーも五十歳。人生の半分近くをベートーヴェンに捧げ、それでもなお生きている。生きているからには、罪を犯し続けなければならないのだ。

再びシンドラーは鉛筆を手に取った。魔法の書よ、会話帳よ。どこまで行っても終

わらない地獄に俺を連れてゆけ。

「来てください、カール・チェルニー」[18]カールはあの少年が弾くのを楽しむでしょう。そう思います」[19]

リスト少年の演奏会に際して、かつての自分が書きつけたオリジナルのセリフ。その次の余白が空いている。さて、何を書き込んでやろうか。穴の空くほど睨んでいるうちに、ふつふつと怒りが湧いてきた。


カール・チェルニー……

フランツ・リストを弟子にし、檜《ひのき》舞台に引き上げた張本人。

元凶はこいつじゃないか。

ただの原石にすぎなかった少年をあんなモンスターに育て上げたのも、ベートーヴェンと無理に引き合わせようと企んだ結果、面倒な憧れを植えつけてしまったのも。そして、彼をさんざん調子に乗らせたあげく、深い傷を負わせるに至ったのも。すべ

てこの男の責任じゃないか。

「カール・チェルニーが彼の師です」

腹立ちまぎれに、オリジナルの書き込みにそう追記してやった。チェルニーの罪をいまいちど強調するかのように。そして、余白の部分には、こんな改竄のセリフを新たに書き込んでやった。

「この少年がチェルニーの掌中にあるのは残念ですね。あなたはお察しの通りでしょうが」[20]

鉛筆を走らせながらも腹立ちはおさまらない。バカバカしい。なぜ、俺ひとりが悪者になって、こんなちまちました裏工作をせねばならぬのだ。

よくよく考えてみたら、チェルニーという男はいつもずるい。いつもベートーヴェンと程よく距離を置いて、めったに会いにも来ないわ、演奏を断るわ、都合のいい曖昧な関係をキープしていたくせに、いまや自分が少年時代にベートーヴェンに師事していたと世間に堂々と公表し、『一般音楽新聞』にベートーヴェンとの思い出の記事

を寄稿したりしている。あの仙人みたいな男にも、この期《ご》に及んで虚栄心が芽生えてきたというのか？　それとも、愛弟子リストの名誉を守るためだというのか？　勘弁してほしい。チェルニーがベートーヴェンの弟子ならば、リストはベートーヴェンの孫弟子だ。いよいよリストの名に、ベートーヴェンの正統な後継者という箔がついてしまうではないか。

それだけではない。著名なピアノ教師であるチェルニーには、リスト以外にも山ほど弟子がいて、彼らはウイルスみたいにヨーロッパじゅうにばらまかれている。あの男が日々せっせと書いている練習曲や教育書のたぐいの影響力まで考えたら、世界のピアノ業界は完全にチェルニーの支配下にあるといっていい。チェルニーがここまで陰の帝王じみたプロデューサーに化けたのは、リストの成長以上の大誤算だ。弟子たちを肉弾みたいに舞台に放って、自分は傷ひとつ負わず、ウィーンの執務室に引きこもっている。不穏な気配を察したのか何なのか、ボンの記念式典にさえあの男は来なかったのだ。ズルい。ズルすぎる。うまくやりやがって。真の勝ち組はあいつかもしれない。

弟子、か……。

会話帳を取り落として、シンドラーはにわかに立ち上がった。とんでもないアイデ

アが電撃的に降ってきた。これだ！　残りの人生で俺が成すべきは。
俺も、フランツ・リストのような天才ピアニストをプロデュースすればいいのだ！
ベートーヴェンのソナタをバリバリ弾きこなす新人を、俺の手で育成してやる！

第二のフランツ・リスト育成計画

ボンの式典の半年前、一八四五年二月。シンドラーはとある音楽家志望の少年と出会っていた。フランツ・ヴュルナー。十二歳。なかなか達者にピアノを弾く。伸びしろがありそうだ。そうは思っていたが、『ベートーヴェン伝』（第二版）の刊行やら、会話帳の売却の件やらでバタバタしていて、当時はあまり熱心にかまってやれなかった。

会話帳の売却処理を終えた一八四六年秋、シンドラーはわざわざヴュルナーの住むミュンスターに赴いて、ピアノと作曲のレッスンを始めた。ヴュルナーは、まじめで気の良い少年だった。自分を「シンドラー教授」と呼んで、心から尊敬し、慕ってくれる。超かわいい。無条件に愛してくれるわが子のようだ。子どもを教えるのは初めてではないが、こんな体験は今までなかった。
シンドラーはベートーヴェンのピアノ作品を、懇切丁寧にヴュルナーに教え込んだ。

とんでもない熱の入れようだった。老獪《ろうかい》な大音楽家とは違って、少年はプロデュースも思うがままだ。その点も面白い。チェルニーがリストに肩入れした気持ちが今更ながらわかってしまう。まさか自分がこんな風に他人に心を注ぐだなんて。しかもいまは、そのリストに匹敵するピアニストを育てようというのだから必死さにも拍車がかかる。これは、かつてリストとベートーヴェンを引き合わそうとした失態のつぐないだ。会話帳の改竄だけでは成し得ない、ハッピーエンドの未来を手に入れるのだ。

ヴュルナーが十九歳になろうという年。機が熟したのを確信して、シンドラーは青年にこう命じた。パリに行ってピアニストとしてデビューしろ。ヴュルナーは怖じ気づいた。確かに、これまでシンドラー教授のもとで、ベートーヴェンのピアノ・ソナタを徹底して教わってきた。ただ、それだけで、パリの優秀なヴィルトゥオーゾ・ピアニストたちに勝てるだろうか？

僕はピアニストとしてパリに行くべきです。しかしパリでやっていくために、僕にはまだたくさん勉強することがあります。先日『ライン音楽新聞』で読んだところによると、演奏に際してまずもって求められるのはエレガントさです。それは僕にもっとも欠けている資質です。（…）

「何でも弾けます、ただしベートーヴェンしか弾きたくありません」と言うのと「ベートーヴェンしか弾けません」と言うのとでは、まったく意味が違ってきます。それに、パリの私的なサークルで演奏するチャンスが何回あるでしょうか。そのようなサークルでは、ベートーヴェンの作品がつねに向いているわけでもないでしょう！（…）

僕はもっと現代的な作品をヴィルトゥオーゾ的な表現でもって演奏するか、あるいは自分自身で作曲ができなければなりません。しかしいままでの僕には、どちらも大きく欠けていました。(21)

ヴュルナーは、自分の力量を冷静に見ていた。尊敬するシンドラー教授のまなざしの向こうに、フランツ・リストの姿があるのはわかっていた。リストの成功の地であるパリに、刺客《しかく》として飛び込めというのだ。無茶だ。ベートーヴェンだけしか弾けないのに、どうやってパリのピアニストに勝てというのだろう？　リストだって、ありとあらゆる作品を華麗な指さばきで弾けるからこそ、パリのサロンで認められたのだ。そもそもシンドラー教授だって、かつて「ベートーヴェンの友人」という肩書きひとつでパリに乗り込んで、失笑を浴びたはずじゃないか。

ところが、この教授にはどんな意見も耳に入らない。パリに行け、と命じる手紙が

さらに来た。

おまえのピアニストとしての能力に関して、私はここ数年、次のように考えていた。おまえが私の一派のもとパリでデビューしたら、パリのエリートはおまえの弾くベートーヴェン以外の音楽を聴きたくなくなるだろうし、現代のピアノ作品全般についても、もっともエレガントなヴィルトゥオーゾと同じくらいみごとに聞かせうるだろう。(22)

励ましてくれるのはありがたいけれど、夢を見すぎではないでしょうか。きまじめなヴュルナーはシンドラーの言い分に丁重に反論した。だが、教授の方もいっこうに譲らない。ベートーヴェンのソナタをすばらしく弾くことがピアニストとしてもっとも重要だ。はるか三十年近く前にチェルニーのピアノ演奏に感動した頃から、シンドラーはこの点に関してまったくブレていない。頑固オヤジだ。若者が説得できる相手ではない。その後、何度となく長文の手紙で議論を交わし、すっかり疲れ果てた一八五三年の暮れ、ヴュルナーのもとにこんな手紙が届いた。

おまえは新年にこれらを始めること。

一　勇気を持て
二　自信を持て
三　覚悟を持て
四　向上心を持て
五　やる気を持て――あきらめるなかれ。わかったな。(23)

精神論五箇条だ。ヴュルナーは震えあがった。怖いのはパリじゃない。シンドラー教授だ。薄々感じていた疑惑がいよいよ確信へと変わる。この人、おかしい。話がまるで通じない。自分が子どもの頃から慕ってきた先生が、実はヤバいやつだった。なかなかの衝撃だ。励ましどころじゃない。れっきとしたパワハラだ。このままでは音楽家人生を潰される。もうやめてくれ！　僕はフランツ・リストじゃない！

すったもんだの挙げ句、ヴュルナーはとうとう逃げ出した。この選択は正解だった。さもなくば、ブラームスと親しくなり、ワーグナーの楽劇を指揮し、有名な声楽練習曲『コールユーブンゲン』を世に送り出す彼の輝かしい人生は待っていなかっただろう。ヴュルナーの真の才覚は、ベートーヴェン作品のピアノ演奏ではなく、最新の作品の指揮や教育活動にあった。彼は第二のフランツ・リストにはなれなかったにせよ、

チェルニーのピアノ練習曲に匹敵する業績を声楽史の中に残したのだ。

しかし、シンドラーにとってはなぐさめにもならない話だ。彼とて、何も青年をだまくらかして特攻隊のようにパリに送り出そうとしていたわけではない。ヴュルナーにはピアニストとしてやっていける力量があると本気で考えていたし、弱気な青年にガッツを与えていたつもりだったのだ。それらがすべて無に帰したいま、シンドラーはガックリと肩を落とした。彼がどれほど落胆したかは、のちに書いたこんな文章からもうかがえる。

その若者は注目に値する芸術家であり、間違いなく、これからも多大な努力を続けるはずだった。それにもかかわらず、彼は自分の受けたたゆまぬ指導に応えることがなかった。（…）偉大なるマエストロの精神的な遺産を墓に持っていきたくないという私の願いは、三年前には叶えられると思っていたが、いまや無きものとなってしまった。(24)

プロデュースの失敗。チェルニーやリストへの敗北。シンドラーの失意はそれだけではなかった。独身で、遠方の弟妹以外の身よりもなく、心を打ち明け合う友人もなく、ひそかに犯した罪の十字架を背負って生きてきたひとりの男が、五十歳を過ぎて

見つけたかけがえのない愛を失った痛みでもあった。シンドラー、まもなく六十歳。哀しい老境に達していた。

嘘 vs 嘘の抗争

一八四七年九月。フランツ・リストは、ヴィルトゥオーゾ・ピアニストから事実上の引退をした。

傍から見れば、それは勇退だった。ピアノ演奏はもうやりつくした。きっとそんな心境なのだろうと多くの人が思っていた。だが、リストの意識のなかに、わずか二年前のベートーヴェン像除幕式のトラウマと、それをリベンジしたいという野望がなかったといいきれるだろうか。

三月革命が迫る一八四八年初頭。ドイツ連邦諸国でくすぶりだしたナショナリズムの狼煙《のろし》に誘われるかのように、リストは恋人のカロリーネ・フォン・ザイン゠ヴィトゲンシュタイン侯爵夫人と過ごしていたロシアの小村ヴォロニンスを離れ、現在のドイツ中部にある都市ヴァイマールに居を移した。

文化芸術都市の宮廷楽長。それが、天才ピアニスト・リストが選んだ第二の音楽人生だった。

あの男は、またもやドイツの誇りを奪ってわがものにしようと企んでいるのか。シンドラーが怒りに震えたとしても不思議ではない。ヴァイマールで公的な職に就く。それは、かつてこの街で宮廷顧問官を務めたドイツの文豪、ヨハン・ヴォルフガング・フォン・ゲーテの威光にあやかろうとする行為だった。しかも、リストはまたも懲りずにチャリティーを始めようとしていた。「ゲーテ基金」の創設だ。結果的に実現しなかったとはいえ、ドイツの文化振興に携わりたいという強い意志の表れにはちがいない。リストの楽長としての仕事は非常にアグレッシブだった。就任の翌年にはワーグナーの歌劇『タンホイザー』を上演している。ワーグナーは当時、三月革命に参加したかどで指名手配犯となりスイスに逃げている最中だった。過激派のドイツ・ナショナリストを、リストはあえて全面的に支援したのだ。

とはいえ、リストに対する偏見と反発の声は止むことがなかった。十年の活動の末、一八五八年に楽長職を辞したあとは、ローマとブダペストとヴァイマールの三都市を行き来するさすらいの生活を送るようになる。宗教に傾倒してカトリックの下級聖職者に叙《じょ》せられた姿は、「ドン・ファン（好色家）がスータン（僧服）をまとった」と嘲笑され、恰好の話題の種となった。かつての恋人マリー・ダグー伯爵夫人ほか、彼の周辺の人びとは「真実のリスト」を求めて次々と暴露本を書いたが、そんな証言録

も積もりに積もって、何が真実なのか、何がデマなのか、わけのわからない有り様と化していた。

気づけば、フランツ・リストという音楽家をめぐる状況は、ベートーヴェンとそっくりになっていた。周りの人びとがエピソードを好き放題に吹聴し、メディアが世の中に広め、人びとが面白がってそれを消費する。十九世紀半ば、そうしたゴシップやフェイクニュースは、ミュージシャンという職業に課せられた宿命となりはじめていた。

真実といえるのは彼らが天才だということだけだ。そして、天才たちをとりまく無数の愛と憎しみの物語は、本人や身辺者たちの死によってゆるやかに淘汰され、人びとの心にインパクトを残した〝強い〟エピソードだけが後世に残っていく。

シンドラーはじりじりとその時期を待っていた。かつてヴェーゲラーに対してそうしたように、またも呪いをかけていた。フランツ・ヴュルナーという唯一の希望を、現実の世界でフロイデと叫ぶラストチャンスを失ったいま、彼は自分にできうる仕事がただひとつしか残されていないのを知っていた。アントン・フェリックス・シンドラーにとって、呪いとは祈りだ。神よ、どうか俺にその仕事をさせてください。やつ

らより一秒でも長い生命を与えてください。その切なる訴えは、一八五七年に成就した。カール・チェルニーが、六十六歳でこの世を去った。その翌年の一八五八年、ベートーヴェンの甥カールと、宿敵カール・ホルツが、六十歳にならぬうちに相次いで逝った。

ホルツが伝記の執筆を託したフェルディナント・ジーモン・ガスナーは、伝記を完成させるに至らず、一八五二年に亡くなっている。老ヴェーゲラーは、さらに前の一八四八年に鬼籍の人となっていた。ベートーヴェンと交友関係にあった人のうち、生き残っているのは、自分と、ベートーヴェンの晩年に彼の心を慰めた少年ゲルハルト・フォン・ブロイニングくらいだ。彼は自分の味方だから問題あるまい。他は死んだ。みんな死んでくれた。

幾多の屍《しかばね》が転がった地上に、いまやシンドラーただひとりが、頑健な老人として立っていた。

機は熟した。

ならば、もう一冊、伝記を書こう。

仰天計画だった。第一版の出版から二十年、第二版からは十五年。この期に及んで、究極の『ルートヴィヒ・ヴァン・ベートーヴェン伝』を完成させようというのだ。そ

れは、ベートーヴェンの身辺者の最後の生き残りが手がけるオフィシャル本であり、これまで起きたすべての事件を踏まえた総決算としての伝記だった。

この本を現在の形にするために人生を与えられたことを心から感謝します。(25)

序文の冒頭にシンドラーはそう書いた。なんという勝利宣言だろう。日付は、一八五八年十二月。カール・ホルツが亡くなってわずか一ヶ月後だ。さらば、敗者どもよ。あとは俺に任せたまえ。

そして、二年後の一八六〇年。
満を持して『ベートーヴェン伝』(第三版)が出版された。
第一版のおおよそ倍、六百ページを超える大著だ。これほど分厚い伝記を書くのに、六十五歳になろうという男が要したエネルギーは計り知れない。
構成は第一版と変わらない。本編ではベートーヴェンの人生を、生年から一八〇〇年(二十九歳)まで、一八一五年(四十四歳)まで、そして死までという三つのステージに分けて語っていく。そして別章で、ベートーヴェンの人物像と音楽作品を論じ、

最後に付録のコラムを添えている。

大きく変わった点は二つある。一つ目は、この二十年の間に書かれてきた数々の伝記や論文、新聞記事から新しく得た情報を盛り込んでいる点だ。第一版を書いたときには、先行書と呼べる本はザイフリートの『通奏低音、対位法、作曲法に関するベートーヴェンの研究』とヴェーゲラー＝リースの『伝記的覚書』くらいしかなかった。しかし状況は大きく変わった。既発のさまざまな文献を踏まえなければ、第一線のベートーヴェン本として通用しない。

二つ目は、この二十年の間に起きたライバルたちとのさまざまな闘争の結果が、彼らへの人物批判として色濃く現れている点だ。カール・ホルツ批判には、付録の一節をまるごと割いた。同様にチェルニー批判にも多くのページを割いている。そして、フランツ・リストもだ。これまでの伝記では触れてこなかった、ベートーヴェンとリストとの対面をめぐる真偽を、シンドラーはここで明文化した。

著者は、ベートーヴェンが若い芸術家の受け入れに「友好的」ではなかったある出来事を知っている。その出来事は、フランツ・リストが父アダムに連れられてやって来たのを、私がマエストロに紹介したときに起こった。ベートーヴェンが彼に友好的ではなかったのは、そのうわべだけの才能に対して過剰な

神格化が行われていたからであり、十二歳の少年の送別演奏会に際して自由即興のためのテーマを与えてやってほしいという、無謀かつ軽率なお願いをされたからだった。(26)

リストの略伝においては、ベートーヴェンが一八二三年の送別演奏会に出席していたと主張されている。シリングの『百科事典』においては、ベートーヴェンが、送別演奏会の後に小さなリストの手を取って、彼が芸術家の名にふさわしいと断言したという付記さえほどこされている。しかしベートーヴェンはこの演奏会には出席していないし、そもそも一八一六年以降、彼は個人的な演奏会にまったく顔を出していない。(27)

会話帳をベルリン王立図書館に納めたことすら、すでに十四年前だ。十四年前に書き加えた改竄のセリフも、三十七年前に書いたオリジナルのセリフも、遠い昔のものという意味ではさして変わらぬような気もしてくる。自分を疑う当事者たちがいなくなった以上、バレるとか、バレないとか、そんな恐れを抱いて戦々恐々とする必要もない。

嘘なんて何もない。シンドラーはそう思うようにさえなっていた。リストをめぐる会話帳の改竄は決して嘘ではない。俺はただ事実を補完しただけだ。ベートーヴェンはリストに「聖なるキス」を与えてもいなければ演奏会に行ってもいない。それを未来の読者にわからせるために、ヒントを書き込んだにすぎない。

万一、俺が会話帳に数々の改竄をほどこした事実が、今後バレるようなことがあったとしても。見抜いた人はきっと確信してくれるだろう。

アントン・フェリックス・シンドラーは、たしかに嘘をついた。でも、嘘にも種類がある。少なくともフランツ・リストに関していえば、シンドラーは、徹底して、「聖なるキスはなかった」という真実ただひとつのために闘っているではないか。

ゆえにこれは、嘘vs嘘の抗争ではない。嘘vs真実の聖戦なのだ、と。

第四場　最後の刺客

「私があなたから一度たりとも離れようとしなかったことを、私はいくど断言すべきでしょうか？　あなたへの愛や感謝が、そんなにも私をがんじがらめにしているとでも？」（1）

『ベートーヴェンの会話帳』より、アントン・フェリックス・シンドラーによる改竄の書き込み

新世界から来た男

一八六〇年。
ベートーヴェンの死から三十三年後。
アメリカ人音楽ジャーナリスト、アレクサンダー・ウィーロック・セイヤーは、フ

ランクフルト郊外のボッケンハイムの一角で、夏の午後の日差しに目を細めていた。

年は四十三歳。四年前にベルリンで病気を患い、故国に帰っての療養を余儀なくされた身体は、かつてほど自由には動かない。それでも彼には、再びヨーロッパに戻るべき理由があった。

高額な治療費と管財人の破産によって財産のほとんどを失ってしまうという危機的な状況を脱したのは、何人かの裕福な支援者のおかげだった。アメリカの音楽メディア『ドワイト音楽新聞』に研究旅行記を連載していたセイヤーは、故国の音楽ファンからの支持を集めていた。数々の声援と資金を糧に、一昨年の夏、なんとかヨーロッパに戻ってきた。ウィーンのアメリカ公使館での職も得て、ようやくかねてからの夢である『ベートーヴェン伝』の執筆環境を整えられた。

ウィーンでは、ベートーヴェンの死の床に寄り添った人物のひとりであるゲルハルト・フォン・ブロイニングへの取材も実現した。病に倒れている数年のうちに、弟子のカール・チェルニー、甥のカール・ヴァン・ベートーヴェン、秘書のカール・ホルツといった、ベートーヴェンにゆかりの人びとを相次いで失ったのは痛手だった。ただ、ホルツからは書面での情報提供を得ていたし、オットー・ヤーンのような信用できる音楽研究家が、生前の彼らに取材を行っている。それを活用させてもらうのも手

だろう。
とにかくも、この男が六十五歳にしてまだ元気に生きているのは不幸中の幸いだ。六年前に一度お目にかかってはいる。だが、必ずやもういちど、訪問せねばならないと思っていた。

アントン・フェリックス・シンドラー。

口にするたびに、病み上がりの身体に緊張が走る。それは、セイヤーが人生ではじめて読んだベートーヴェンの伝記の著者であり、いまや最大の疑いをかけている容疑者の名前だった。

*

セイヤーがシンドラーの存在を知ったのは、さかのぼること十五年前。ボンでベートーヴェン像の除幕記念式典が開催された年だった。
フランツ・リストの失言に、フランス人が、ドイツ人が、イギリス人が、ユダヤ人が嚙みついて、ヨーロッパの縮図さながらの大喧嘩が勃発したその頃。大西洋を隔て

た彼方のアメリカ大陸に流れ着いた一冊の本があった。
アントン・フェリックス・シンドラー著『ルートヴィヒ・ヴァン・ベートーヴェン伝』イグナーツ・モシェレスによる一八四一年英訳版——

ハーヴァード大学の法学院生兼図書館助手であり、一介の音楽ファンでもあった二十八歳のセイヤーは、驚きとともにその本を手に取った。まさか、母国語でベートーヴェンの伝記を読めるとは。

セイヤーはその本を読みふけった。どれもこれも、生まれて初めて知るエピソードばかりだった。ベートーヴェンが、『交響曲第五番』を「運命が扉を叩く」さまにたとえたこと。ニ短調のピアノ・ソナタの解釈について「シェイクスピアの『テンペスト』を読め」という助言を垂《た》れたこと。生涯でただひとり愛した女性ジュリエッタを「不滅の恋人」と呼ぶ情熱的なラブレターを書いたこと。コーヒー豆をいつもきっちり六十粒数えていたこと。『交響曲第九番』の初演で、聴衆を空前の熱狂に巻き込んだこと。わくわくする。著者のシンドラーは、ベートーヴェンの秘書を務めていた人物だという。長年にわたって作曲家のそばにいて、これらの出来事を見ていたとは、

うらやましい限りだ。セイヤーはマサチューセッツの内科医の息子である。いかに裕福な知的階層の出身といっても、ヨーロッパはあまりに遠い世界だった。

一方、伝記に対する不満もあった。ドラマティックな内容にはちがいないが、英語の読み物としては文の運びにぎこちなさがある。同年にニューヨークで刊行されたエドワード・ホームズの『モーツァルト伝』のような秀作と比べると見劣りするのは否めない。原因は何だろう。英語圏の出身ではないモシェレスという人物が翻訳を手がけているからだろうか。それとも、ドイツ語の原文にそもそも問題があるのだろうか。もし、シンドラーの著作をベースにした、より完成度の高い『アメリカ向け改訂版・ベートーヴェン伝』を世に送り出せたら。若きインテリの胸にそんな夢想が広がった。彼はさっそく、いくつかのベートーヴェン関連の参考図書を注文する手紙をイギリスに書き送った。

翌年の一八四六年、それらの書籍が手元に届いた。シンドラーが自著の中でよく引用している、フランツ・ゲルハルト・ヴェーゲラーとフェルディナント・リースの共著『ベートーヴェンに関する伝記的覚書』も含まれている。ありがたい。いちばん読みたかった本だ。ただし、この『伝記的覚書』には英訳版がない。セイヤーはドイツ語が不得意だった。辞書を引き引き、亀のようなペースで読み進める。そうしているうちに、おかしな点に気がついた。ヴェーゲラー＝リースとシンドラーのテキストに、

微妙な内容の食い違いがあるのだ。両者の間に、伝記の執筆をめぐってトラブルがあったらしいことも随所でほのめかされている。どうして、このようなギスギスした状況になっているのだろう。親友、弟子、そして秘書。彼らはいずれも、ベートーヴェンの片腕のような人物のはずなのに。

解けない謎に思いを馳《は》せるにつれ、セイヤーは居てもたってもいられなくなってきた。

どちらが正義なのか。どちらが悪なのか。それはわからない。

ただ、どちらかが確実に嘘をついているのだ。

ヨーロッパでは両者の矛盾はどのように受け止められているのだろう。誰かが真相究明に動いているのだろうか、それとも？

ふくれあがる疑問は、セイヤーの人生に揺さぶりをかけはじめた。三年後の一八四九年、彼はとうとう決意した。アメリカで悶々としているばかりでは何もわからない。ヨーロッパへ渡ろう。そして、すべてを解明したあかつきには自分自身が著者となり、ヴェーゲラー＝リースともシンドラーとも異なる、まったく新しい『ベートーヴェン伝』を執筆しよう、と。

一度目の面会

一八四九年五月。

セイヤーが、夢にまで見たボンの広場に降り立ち、完成してまだ四年のベートーヴェン像を黄昏《たそがれ》のなかで見上げていたそのとき。

シンドラーは、弟子フランツ・ヴュルナーの育成に躍起になっていた。


セイヤーが、ボンの語学学校に入り、苦手なドイツ語を克服しながら、ベルリン、ウィーン、ロンドンなどを訪れ、少しずつベートーヴェン研究の地盤を固めつつあったそのとき。

シンドラーとヴュルナーとの関係は、徐々に破綻に向かっていった。


さらに時は流れ、一八五四年。

セイヤーが、フランクフルトのシンドラーの家の扉をはじめて叩こうとしたそのとき。

シンドラーは、ドイツ人音楽研究者のオットー・ヤーンと手紙をやりとりしている

最中だった。

ベートーヴェンと直接の縁をもたない若い世代の研究者が、シンドラーに取材を求めてくるのは珍しくない。ヤーンもそのひとりだった。『モーツァルト伝』の執筆準備に勤しみつつ、ベートーヴェンの研究にも取り組んでいるという。二年前にチェルニーへの集中取材を行っており、そのメモをシンドラーに送りつけてきた。何か気づいた点があれば、コメントを書き込んでほしいという要請だ。

ヤーンの手紙はきわめて丁重で、シンドラーを怪しんでいるようには見えなかった。とはいえ、ウィーン界隈で取材を行っているならば、ホルツに接触している可能性が高い。シンドラーの悪評は少なからず耳にしているだろう。罠を仕掛けている可能性もありうる。できるだけ慎重にならねば。

案の定、チェルニーのメモに目を通していると、引っかかる箇所に出くわした。

私はこれまで、ベートーヴェンに関する読み物を読んだことがありませんでした。そこで先ごろ、レンツ氏による『ベートーヴェンの三つのスタイル』に書かれているリースやシンドラーからの引用を見たところ、私が記憶を頼りに書いた報告が幸いにも正しいことがわかりました。ただ年代に関しては、とき

おり私の思い違いがあるようです。(2)

背筋が寒くなる。やっぱり、これは罠だ! 何をもって「正しい」なぞというんだ。チェルニーの証言は、俺の伝記とはおよそかけ離れた内容ばかりだというのに。たとえば、『交響曲第五番』の冒頭のモチーフに関する箇所しかり。

ベートーヴェンの多くのモチーフは、外部から偶然もたらされた印象や体験から生まれました。ハ短調の交響曲〔第五番〕のテーマは、野鳥の鳴き声に基づいています。(3)

この証言は明らかに、俺が伝記に書いた『交響曲第五番』の演奏解釈に対する反論じゃないか。

ベートーヴェンはほとんど激情にかられたような口調で、私に楽想を説明してみせた。

「このように運命は扉を叩くのだ!」と。(4)

「運命（Schicksal）」は、シンドラーの『ベートーヴェン伝』全体をつらぬくテーマだ。『ベートーヴェン伝』（第一版）には「運命がベートーヴェンから聴覚を奪った」(5)「彼は運命に身を委ねた」(6)などのフレーズが約二十箇所にわたって登場する。ベートーヴェン自身も、ハイリゲンシュタットで書いた「遺書」や、「不滅の恋人」宛てのラブレターでこの単語を用いている。

耳の病、愛の喪失、甥カールの自殺未遂事件。彼の人生に次から次へと襲いかかるさまざまな苦難のストーリーを、シンドラーは、曲中で幾度も形を変えて繰り返される「ジャジャジャジャーン」のモチーフに託してみた。これ以上の名キャッチコピーがあるだろうか。

しかし、間違いない。シンドラーは想像をめぐらせた。チェルニーは、俺が嘘をついていると確信している。自分の記憶に自信があるのだ。俺の伝記を読んだ上で、暗に俺の証言を否定しようとして、こんなメモをヤーンに提供したにちがいない。頭に血が上った。何か反論を書き込んでやろうとしたが、やめる。ここはあれこれ言わずに、しれっとスルーしておこう。下手な言い訳をして、墓穴を掘るのはごめんだ。

ヤーンやチェルニーに比べたら、新参のアメリカ人なぞかわいいものだ。

一八五四年十月。フランクフルトの自宅にやってきた男を見て、シンドラーは内心

ほっとしたにちがいない。片言に毛が生えた程度のドイツ語で訥々《とつとつ》と自己紹介をしてくる。年齢は、ヤーンよりもさらに四歳若い三十七歳。アメリカの音楽新聞に連載枠を持っているというからには、文化人の端くれではあるのだろう。とはいえ海の向こうの話となるとピンと来ない。遠方からやってきたベートーヴェン・ファンを歓待するようなノリで、気軽に招き入れてやった。

面会は数時間ほどだった。自分の著作を隅々まで読んでくれているようだ。『ベートーヴェン伝』第二版の付録「会話帳からの部分引用集」でほんの少し取り上げたにすぎないオラトリオについて、熱心に質問してくる。気をよくしてペラペラと答えてやった。新聞記事のネタにするのか、何やら一生懸命、英語でメモしている。ご苦労なことだ。せいぜい、研究に励んでくれたまえ。

アメリカ人、魔法の書と出会う

偉大なマエストロをめぐるシンドラーの話が、いかにすぐれて興味深いものであったかは、たやすくご想像いただけるだろう。(7)

セイヤーはシンドラーとの初回の面会について、『ドワイト音楽新聞』にそう書き

残している。

それは正直な印象だった。シンドラーの話は実におもしろいのだ。ベートーヴェンにまつわるエピソードの数々をストーリー仕立てでたくみに語る。投げかけた質問には親身になって答えてくれ、意外にも、知らなければ知らないとはっきり言う。後ろ暗いところがあるようには見えない。

もちろん、そんな弁舌に丸め込まれている場合ではない。彼の核心を突くには、証拠が必要だ。面会を終え、セイヤーはベルリンに向かった。ついに、問題の史料に向き合うときだ。


ベルリン王立図書館音楽部門のライブラリアン、ジークフリート・ヴィルヘルム・デーンは健在だった。八年前、シンドラーが会話帳を売却した際の交渉相手だ。アメリカからの訪問者は珍客とみえ、わざわざデーン本人が収蔵庫を案内してくれた。入るなり、セイヤーは眼前にそびえる巨大な本棚に圧倒された。ヘンデル、ハイドン、バッハ、モーツァルト、ケルビーニ、そしてベートーヴェン。音楽関係だけで五万点が収められているという。ケンブリッジの図書館の比ではない。しかも書籍ばかりでなく、貴重な自筆譜や手紙類、それにベートーヴェンが生前に使っていたラッパ型の補聴器まである。

だが、セイヤーにとっての本丸はそれではない。

——ベートーヴェンの「会話帳」だ。

ひょっとすると、わざわざこんな史料を閲覧しに来たのは自分が初めてなのだろうか。ノートは歴史・伝記部門の棚の一角にひっそりと並んでいた。百四十冊近くを並べた厚みは相当なものだ。

どれも持ち歩きに適した手帳サイズだが、体裁やページ数は見事にバラバラだった。きれいな装丁の市販のノートもあれば、雑紙を折り重ねただけの紙束もある。一冊、手に取って開くと、たちまち圧倒された。ページの最初から最後まで続く洪水のような走り書き。誰も彼も雑な筆跡で、おまけにほとんどが不鮮明な鉛筆書きだ。第三者があとから読み返すという想定がまったくない。想像以上にすさまじい。

ドイツ語ネイティブではない自分の手に負えるだろうか。不安だが、やらないわけにはいかない。これらはすべて、ベートーヴェンの目の前で書かれ、ベートーヴェンに読まれ、そしてベートーヴェンが何らかのレスポンスを返したセリフなのだから。もっとも重要な一次史料として、入手は必須だ。入手するにはどうするか。写すしかない。この膨大なテキストのすべてを。

セイヤーは図書館に通い詰めた。会話帳に書かれた一言一句を、必死で自分の研究

ノートに転記した。コピー機や手軽な撮影装置がある時代ではないので、手でやるしかない。それ以上に会話帳が厄介なのは、脈絡がない点だ。ひとつの作品として筋が通っている本や楽譜とはそこがちがう。いろいろな人物が立ち現れ、時間が飛び、話題がいつの間にか変わっている。通読しても意味がわからない。ネイティブが読んでもやはり意味がわからないのか、自分の語学力が足りないせいなのかもわからない。人名、曲名、事件のたぐいは、まったく唐突にぽろっと出てきて、解説が添えられているわけでもない。詳しく知りたければ、同時期の新聞や雑誌にあたらなければならない。そうした骨の折れる調査によって、欠けた文脈を補完できる箇所もあるが、できない箇所の方がずっと多い。ときに、存在しない文脈を頭の中で無理に作り上げていないかと疑心暗鬼にかられたりもする。

救いは、ほかならぬシンドラーがおおよその筆跡を特定して対話者の名前を添えたり、補足のメモを残していることだ。あの男の著作に疑いを持ったのが自分の研究人生の出発点だったのに、史料を解読するためにあの男に頼らざるを得ないとは。それにしても、どこまでシンドラーの注記を鵜呑みにしていいのだろう。たとえば、一八二六年のとあるノートには、カール・ホルツに対する四ページにもわたる論考が挟みこんである。こんなものを安易に信用してはなるまい。しかし、ある程度は信用しないと前に進めないのだ。

「一オンスの史実は、一ポンドの美辞麗句に匹敵する〔一ポンドは一オンスの十六倍〕」(8)――それが、伝記作家アレクサンダー・ウィーロック・セイヤーが掲げるポリシーだった。歴史や歴史上の人物を語るにあたっては、ドライに事実を記した文章の方が、あれこれ飾り立てた文章よりも価値が高い、という意味だ。しかし、「一ポンドの美辞麗句」の使い手であるシンドラーに読解の助けを求めざるを得ない状況で、はたして「一オンスの史実」にたどりつけるのだろうか。

うんうんうなりながらノートに首を突っ込む日々を送るうち、過労がたたって体調が悪化しはじめた。ついには高熱を出し、療養のためにアメリカに帰らざるを得なくなってしまった。

かわいそうなアレクサンダーは死んでしまった。ベルリンのセイヤーの友人界隈では、そんな噂さえ立った。まるで、「会話帳」とやらの業《ごう》の深みにはまってしまったかのように。

最後の刺客

それでもセイヤーは生きてヨーロッパに戻ってきた。このままくたばるわけにはいかない。真夏の太陽を顔に受けながら、彼は心に誓った。もういちどシンドラーに会

わねば。自分がベートーヴェン研究に一生を捧げるとするならば、あの男は自分にとって一生の敵となるだろう。

シンドラーの住まいは、フランクフルトの中心部から、郊外の閑静な住宅街であるボッケンハイムに移っていた。このような場所で悠々自適の生活を送れるのは、ベルリン王立図書館が彼に毎年与え続けている年金のおかげだろうか。まさに老いた男の終《つい》の棲家《すみか》という印象だが、セイヤーを出迎えたシンドラーはまだ元気そうだった。六年前と同じく、体軀も身なりも立派だ。白髪は少なく、鷲鼻《わしばな》の上に分厚い丸眼鏡を乗せている。顔にはうっすらと天然痘の痕がある。それは、この男が世紀の変わり目をまたいで六十五年の歳月を生きた、信用に足る唯一の証のように思われた。

シンドラーは、つい先ごろ『ベートーヴェン伝』（第三版）を発表したばかりだった。それを知ったときは驚いたが、チェルニーやホルツらがこの数年で相次いで死んだのを考えれば合点がいく。邪魔者はもういないというわけだ。書斎の蔵書はずいぶん増えているように見えた。第三版を書くにあたって、彼なりに文献調査をしたのだろう。

――でも、私が持っているベートーヴェンの遺品は、今ではこれだけなのです。

そう言ってシンドラーは、いくつかの品を出してきて、テーブルの上に置いた。籐《とう》で作られたステッキ。ビロードの紐つきの流行遅れの片眼鏡。それから『フィデリ

オ』の推敲途中の草稿。この草稿は、私が死んだら、ゲルハルト・フォン・ブロイニング君に譲ろうと思っているのです。そう、彼とは長らく親しい友人でね。

ベルリン王立図書館での調査を経て、セイヤーはすでに確信していた。嘘をついているのは、ヴェーゲラー＝リースではなくシンドラーだ。それにしても、この老人の隙のなさときたら。事実ではないエピソードの数々を伝記に書いているが、悪気があったわけではないのかもしれない。そんな風に思ってしまうほど、シンドラーは泰然とふるまった。ベートーヴェンが亡くなってからもう三十年以上の歳月が過ぎている。

当時三十一歳だった男も、いまや六十五歳。年を経るごとに、だんだんと記憶が形を変えていっただけなのかもしれない。同じ傾向はヴェーゲラーにもある。モシェレスにもある。どんな人にだってある。セイヤーは、ベートーヴェン門下のリースとチェルニーさえも、しばしば自分と他人の記憶を混同して『伝記的覚書』やメモを綴っているのを見抜いていた。彼らの嘘に罪がなくて、シンドラーの嘘に罪があるとする根拠は何だろう。

わからない。だが、その根拠を探るために、自分はここに来たのだ。

本題に入るべく、セイヤーは、静かに口を開いた。ナイフの柄にそっと手をかける

ように。

——あなたがかつて持っていた遺品を、私はベルリンで見てまいりました。

動揺を悟られぬようにシンドラーはひそかに唾を呑んだ。なんと、ジークフリート・ヴィルヘルム・デーンは、このアメリカ人を資料庫の中へ通してしまったのか。無能なライブラリアンめ。するとあれも閲覧したというわけか。百四十冊弱の「魔法の書」も。

セイヤーは驚くべき回答を口にした。

——会話帳の内容は、そっくりすべて、自分の研究ノートに書き写させてもらいました。

息が止まった。まさか自分が生きているうちに、それほど熱心な資料調査をやってのける者が現れるとは。シンドラーはそこではじめて思い至った。このアメリカ人は本気だ。オットー・ヤーンもまだ手を付けていない検証を、アレクサンダー・ウィーロック・セイヤーはやろうとしている。あらためて、目の前の端正な面差しを見やる。前に会ったときと比べると、老けたというより病みやつれた。ただドイツ語の会話はずいぶん巧《うま》くなった。健康を犠牲にして会話帳と格闘したゆえだろうか。シンドラー

の胸に、破滅の予感がよぎった。もしや、このアメリカ人は。

セイヤーは悟っていた。ベートーヴェンの身辺者のほとんどが故人となったいま、シンドラーは、もう敵なしと思ってこの数年を過ごしてきたのだろう。感情的な言葉を浴びせて逆ギレさせてはいけない。きわめて淡々とした調子でセイヤーは言葉を続けた。

——ベルリンにある会話帳は一八一九年から一八二七年にかけて使用されたものですが、年によって使用冊数に相当なばらつきがあるようです。たとえば、一八二三年分は三十冊以上ありますが、一八二一年分は一冊もありません。消えたノートはどこへ行ってしまったのでしょうか。あなたが一八二七年に会話帳を手元に引き取ったときには、もうすでに存在しなかったのでしょうか。あるいは、あなたが……。

シンドラーの眼前に、遠い日の光景がフラッシュバックした。

アーヘンのアパートメント。小さな暖炉の前で、彼の審判を待つノートの山。みるみるうちに火に呑まれて溶けていく言葉の群れ。舞い上がる灰のかけら。しつこくまとわりつく煙の臭い。大丈夫。責められる理由なんかあるものか。燃えさかる火の前で、そう自分に言い聞かせていたあの時間。

墓場まで持っていくと決めた犯行現場の景色。

よもや、神は、最後の懺悔《ざんげ》の機会を与えるために、このアメリカ人を俺の前に遣わしたというのだろうか。

記憶の奔流に耐えながら、シンドラーは口を開いた。

——ええ。私が処分しました。

静まりかえった書斎に、淀みのない美しいドイツ語が響いた。

——ベートーヴェンが亡くなって以降、ペスト、ミュンスター、それからアーヘンと引っ越しが相次ぎましてね。あのノートはあまりに重たくかさばるので、少しずつ、価値がなさそうな部分を処分したのですよ。

セイヤーは面食らった。まさか、シンドラーがこれほどあっさりと自白してくるとは思わなかった。その理由はいささか言い訳じみているにせよ。目の前の老人は、セイヤーの顔を見つめ返して穏やかに微笑している。

――かつては、四百《フィア・フンデルト》くらいありましたかね。

シンドラーはそう言った。震える手でそれをメモする。よもや「百以上《フィール・フンデルト》」と聞き間違えたわけではあるまい。自分のドイツ語力はそこまで未熟ではない。つまり、段階を踏んだにせよ、最終的に二百五十冊あまりを処分したのだ。たいした罪悪感もなく。

さらにシンドラーは言葉を添えた。まるでセイヤーにだけ腹を割って、本音を打ち明けるかのように。

――あの当時は、会話帳の重要性を認める人が、私以外に誰もいなかったのです。残念ながら。

だからといって、どのノートに価値があるかないかを判断する権利があなたにあるとでも？

そう言いたいのをぐっとこらえる。セイヤーの脳裏に、別の謎が持ち上がった。シンドラーが「価値がなさそう」と判断したノートを故意に破棄したのだとしたら、い

まベルリン王立図書館に保存されているのは、シンドラーによって存在を許されたノートだと考えられる。すると、シンドラーは、「あれ」も残していいと判断したのだ。ベートーヴェンと甥カールによる赤裸々ないさかいの書き込みの数々も。

シンドラーは、伯父と甥の関係のもつれの原因は甥の素行の悪さにあり、かつホルツの存在が状況をますます悪化させたと、『ベートーヴェン伝』（第三版）においても、会話帳上の注釈メモにおいても明言している。シンドラーにとって、会話帳は、その自説を立証するためのエビデンスだ。ところが、どれほどシンドラーが誘導したところで、セイヤーの目には甥やホルツの側に非があるようには見えない。アメリカの裕福な家庭に生まれ、両親からきわめて健全な愛を受けて育てられたセイヤーの価値観に照らすならば、常軌を逸しているのは明らかに保護者であるベートーヴェンで、彼のふるまいこそがカールを追い込んだとしか考えられなかった。

だとすれば、セイヤーが果たすべきは、シンドラーが紡いだストーリーを誤りと断じ、会話帳から読み取れる客観的な事実を報告することだ。「美辞麗句」ではなく「史実」の側に立って。『第九』や弦楽四重奏曲といった傑作群を世に放った晩年のベートーヴェンが、その一方で甥に過剰な干渉を行い、自殺未遂にまで追い詰めた。その不幸なあやまちを世に公開しなければならない。

自分は研究者だ。善悪を判定する立場ではない。ただ事実として報告するまでだ。ただし、読む側にはジャッジする自由がある。もしも結果的に、ベートーヴェンを世論という法なき法廷に引きずり出し、彼の名誉を毀損してしまうとしたら。自分が志す『ベートーヴェン伝』が、その未来を避けては通れないのだとしたら。

自分ははたして、そんな本を完成させられるだろうか。

自分の目の前で悠然と微笑を浮かべている老人を、セイヤーは見つめ返した。アントン・フェリックス・シンドラー。この男も伝記を書く上で、まったく同じ問題にぶつかったのではないか。彼は、ベートーヴェンを晒し上げるのではなく、ベートーヴェンを守る道を選んだ。そのために罪を背負って嘘をつき、いまもなお自分の前でその嘘を貫こうとしている。学問、あるいは歴史叙述という観点からみれば、彼は明らかに失格者だろう。でも、それこそが彼なりの矜持《きょうじ》の通し方だったのではないか。正確さよりも美しさを、憎しみよりも愛を。『ベートーヴェン伝』(第一版)で、シンドラーはすでに答えを書いているではないか。「私のペンは、師であり友人である彼へのひたすらに純然たる愛と、真実へのはてしなく純然たる愛に率いられよう」(9)

この男にとっての真実とは——。

青ざめた顔のアメリカ人を、シンドラーは穏やかに見つめ返した。アレクサンダー・ウィーロック・セイヤー。どうした？　なんでも聞きたまえ。もしそうするだけの勇気があるのだとしたら。俺のベートーヴェンへの命がけの愛と尊敬と罪の重さに、きみの学問的な信条が勝利できるのだとしたら。これだけ熱心に調査に明け暮れているきみだ。本当は破棄だけではなく、会話帳にひそんださまざまな不審点にも気づいているんじゃないか？

会話帳をすべて書き写したならば、この箇所も読んだだろう。俺がかつて知り合いの男から「ベートーヴェンを悪く言うやつがいたら、そいつをナイフで刺してやるんだろうな」と罵倒されたくだりを。振り返れば、俺には最初からそれだけの覚悟があった。俺ほどに、ベートーヴェンを世の中にどうプロデュースすべきか考えた人間がいるだろうか。それにあらがう気があるのならば、きみの方が俺を刺し殺してみるがいい。ただし、覚えておきたまえ。俺を刺し殺すとは、俺が守ってきたベートーヴェンを刺し殺すのと同義だということを。

＊

『ドワイト音楽新聞』の報告文によれば、シンドラーとセイヤーとの面会は三日に及

んだ。

最後の日。ボッケンハイムを去っていくセイヤーの背中を、シンドラーは見送った。

その後ろ姿からは、本心はうかがえない。セイヤーはとうとうナイフを抜かなかった。ゆえにシンドラーも抜かなかった。意気地なしめ、と言う気はない。セイヤーは、熟考の末に、ここでナイフを振りかざすのは利にならないと判断したように見えた。果たしてセイヤーは『ベートーヴェン伝』を完成させられるのだろうか。わからない。彼の闘いは始まったばかりなのだ。

*

ともあれ俺は勝った。

シンドラーはそう確信した。

セイヤーが今後どう動こうとも、俺はひとまず、自分の人生に勝った。残された時間は短い。もう誰も自分を刺しにやって来たりはしないだろう。罪は墓まで持って行ける。俺は逃げ切った。ベートーヴェンも逃げ切った。俺は守り抜いたのだ。自分の嘘も、ベートーヴェンの本性も。肩を揺らして、アントン・フェリックス・シンドラーは笑った。口元に刻まれた深い法令線《ほうれいせん》が、はじめて、歓びにゆがんだ。

バックステージⅡ

メイキング・オブ・『ベートーヴェン捏造』

――現実と嘘のオセロ・ゲーム――

アントン・フェリックス・シンドラーの人物伝を書くのは、オセロをプレイするのに似ている。シンドラーは大胆不敵なプレイヤーだ。現実を嘘で挟み打ちにして、盤上の石を黒一色にひっくり返していく。応戦できる〝白石《ファクト》〟を見極めるのは至難の業だ。一九〇九年に研究者エドゥアルド・ヒューファーが著したシンドラーの伝記的論文(1)、手紙、旅日記、新聞や雑誌記事などから、なんとか使えそうな情報を探し出し、無謀を承知でゲームに挑んだのが本書である。幸いにして、それらの多くは現在デジタル・アーカイブで入手可能であり、また二〇一二年には、ドイツでシンドラー研究の画期的な大著(2)も出版されている。近年のこうした形勢有利な状況なくして、このオセロ・ゲームに挑戦することはできなかった。

だが、シンドラーの戦術を見抜く上でもっとも頼りになったのは、彼自身が打

った〝黒石《フェイク》〟——つまり会話帳や著作物上にちりばめられた嘘そのものだ。ドイツ国立図書館・会話帳チームによる一九七七年の学会発表は、シンドラーが会話帳に書いたセリフのどれが本物《シロ》でどれが嘘《クロ》であるかを明らかにし、彼の『ベートーヴェン伝』に登場するエピソードのいくつかが作り話であることを証明した。そうした先人の研究成果をヒントに、シンドラーが黒に裏返した石をふたたび白に戻していく。本書に登場するさまざまなエピソードや彼の心の動きは、そのような吟味を重ねた上での描写であることを、このコラムで補足しておきたい。

伝記的エピソードの真偽をめぐって

——第一幕第四場　プラーター事件

たとえば、シンドラーがウィーンのプラーター公園のガストハウスでベートーヴェンから罵倒された事件（94ページ）は、いつ起きたのか。シンドラー自身は、一八二四年五月二十三日の『第九』再演直後に起きたと『ベートーヴェン伝』（第一版／第三版）で主張しており、会話帳にもそれを示唆させる改竄と注釈の書き込みがほどこされている。しかしこの事件の〝白石〟は、これより数週間前

の、『第九』初演直後の会話帳にある。この会話帳には、シンドラーやシュパンツィヒらの抗弁らしきものと「**アデュー、アデュー！　さようなら**」というオリジナルの書き込みがあり、プラーター事件の際に書き込まれた真のセリフはこちらであると考えるのが妥当だろう（本件をめぐる分析は大崎滋生《おおさきしげみ》の近著（3）に詳しい）。プラーター事件後のベートーヴェンからの手紙（99ページ）に、『第九』再演の準備を頼む旨が書かれている点からも、この推測が確証づけられる。伝記作家シンドラーとしては、初演の感動を金銭トラブルの描写で穢《けが》したくなかったのだろう。

〝黒石〟はもうひとつある。翌一八二五年夏の会話帳に、シンドラーは「**あなたからの手紙を受け取るのがとても遅くなってしまったのです**」（4）という改竄の書き込みを行っている。どうやらシンドラーは、侮辱的な手紙を送りつけられながらもベートーヴェンにしばらく仕え続けたという事実を隠したかったようだ。当時まだ手紙を読んでいなかったという設定をでっちあげれば、彼の異常性は軽減される。

またシンドラーは、一八二四年の十一月末にベートーヴェンと和解したと『ベートーヴェン伝』（第一版）で主張しているが、実際には、甥カールが自殺未遂事件を起こした一八二六年八月までは、数回の対面を除いてほとんど接触がなか

った。さらに、この時期に疎遠だったのはホルツから攻撃を受けていたからだという趣旨の改竄の書き込みも行っており（230ページ）、何重にも事実をねじ曲げている。これらの嘘の数々は、シンドラー自身のプライドを守るものであると同時に、ベートーヴェンを悪者にさせないための苦肉の策でもあった。

――第一幕第三場　『ミサ・ソレムニス』の報酬

『ミサ・ソレムニス』の筆写譜の販売報酬としてベートーヴェンから提案された五十フロリンWW（70ページ）を、シンドラーは実際に受け取ったのだろうか。シンドラー自身は、報酬の受け取りを固辞し、代わりに「自筆譜をプレゼントしてもらった」(5)と述べているが、音楽研究者ジークハルト・ブランデンブルクが指摘する通り、この一件があった一八二三年夏の会話帳(6)や手紙(7)には、ベートーヴェンが五十フロリンWWの支払いをめぐって甥カールとやりとりしている痕跡があり、シンドラーが報酬を受け取っているのはほぼ確実である。シンドラーは、「無給の秘書」という肩書きを強調するために、報酬を受け取った事実を隠したのだろう。

――第一幕第二場　学生時代の実態

若かりし日のシンドラーはどの程度、学生運動に関与していたのか。彼自身は、運動との関わりについて終生口をつぐんでおり、会話帳にもその手の書き込みは（オリジナル・改竄いずれも）見当たらない。また、『ベートーヴェン伝』（第三版）においては、学内の分派とは縁がなかったにもかかわらず誤認逮捕されてしまった、という趣旨の弁明を書いている。しかし、組合の会則の草案（52ページ）が存在する以上、この主張は疑わざるを得ない。第三版執筆時のシンドラーは、プロイセンの公的機関たるベルリン王立図書館から報酬を受けている身分だったので、反体制運動に関与した過去が明るみに出てはまずいと考えたのかもしれない。あるいは、「ベートーヴェン・グローバル化大作戦」を遂行するにあたって、著者が過激なドイツ・ナショナリストだった事実を伏せる必要があったのかもしれない。一八六〇年当時にシンドラーが置かれていた状況を想像すれば、彼が過去を隠したのもうなずける。

——第二幕第三場　リストへの「聖なるキス」伝説とチェルニー

フランツ・リスト少年の送別演奏会をめぐる一連の改竄は、「聖なるキス」の伝説があまりによく知られているだけに解析しがいのある箇所だ。本書においては、リスト（あるいは第二のリストとして育成を試みたフランツ・ヴュルナー）

をめぐるシンドラーの行動は、リストの師カール・チェルニーに対する複雑な感情と関係があるという独自の解釈を提示している。ピアノ教師としてのチェルニーを批判するシンドラーの言動は、彼のリスト批判と連動している。もっとも、当のチェルニー&リスト師弟がどこまでシンドラーを意識していたかははっきりせず、シンドラーが一方的に彼らを敵視していた可能性が高そうだ。

シンドラーの心理と改竄のプロセス

甥カールの自殺未遂事件をめぐるシンドラーの見解は単純ではない。事件の最大の原因がカール本人にあるという主張は一貫しているが、『ベートーヴェン伝』(第一版)においては、ベートーヴェンが子どもの教育に不向きな性格であったことをある程度認めてもいる。さすがのシンドラーも、十代の青年にすべての責任を負わせることに無理を感じていたのだろう。

ところが『ベートーヴェン伝』(第三版)では主張ががらりと変わる。ベートーヴェンと甥の関係を悪化させた原因として、シンドラーはカール・ホルツを名指しした。明らかに、一八四五年に起きたホルツとの新聞上の論争の影響だろう。シンドラーのホルツに対する不当な貶《おとし》めは、ベートーヴェンの生前におけるライ

バル心から生じたと説明されることが多いが、ベートーヴェンの死後に起きた一連の騒動に起因していると考える方が妥当である。

また、シンドラーによる会話帳の改竄は一度に行われたわけではなく、一八四〇年頃から一八四六年頃の間に断続的に実行されたと推測される。フェルディナント・リースや若き日の自分の行状にまつわる改竄は『ベートーヴェン伝』（第一版）出版時の一八四〇年前後、ホルツやリストにまつわる改竄はおもに一八四五年八月のベートーヴェン像除幕式後に行われたと考えうる。

シンドラーの改竄の一部は、彼自身の精神的なジレンマを少なからず投影している。

シンドラーはベートーヴェンをコントロールしきれなかった。生きているときはもちろん、死んでからさえも。会話帳には、ベートーヴェンに辛抱を求める改竄の書き込みが何箇所もある。実は、オリジナルの書き込みにも同様のセリフはたくさんある。ふとしたことで不機嫌になるベートーヴェンをなだめる際の常套句だ。オリジナル箇所に同様の表現があるならば、わざわざ書き加える必要はないように思えるが、彼にとってそれは発さずにはいられぬ呻きだったのだろう。

まるで、オセロの白と黒のシンドラーが、二人がかりでベートーヴェンの暴れる

腕を抑え込もうとするように。

〈オリジナルの書き込み〉

「あなたはご辛抱なさらねばなりません（…）」(8)

〈改竄の書き込み〉

「繰り返しますが、ご辛抱を。そして不可避な――ありうべき運命を受け入れてください」(9)

「音楽」をめぐる最大の嘘

さて、本書は、シンドラーがついた多種多様な嘘のうち、特に人間関係や伝記の成立過程にまつわるものを中心にピックアップしており、音楽的な要素を含んだ嘘については深く触れていない（その多くが演奏テンポをめぐる問題であり、それが彼自身の指揮活動と密接な関係にあることは175ページ以降に記した）。

しかし、これらの〝音楽的改竄〟にも、後世に大きな悪影響を与えた嘘がいくつか含まれている。『交響曲第八番』第二楽章をめぐる改竄はその最たるものだ。

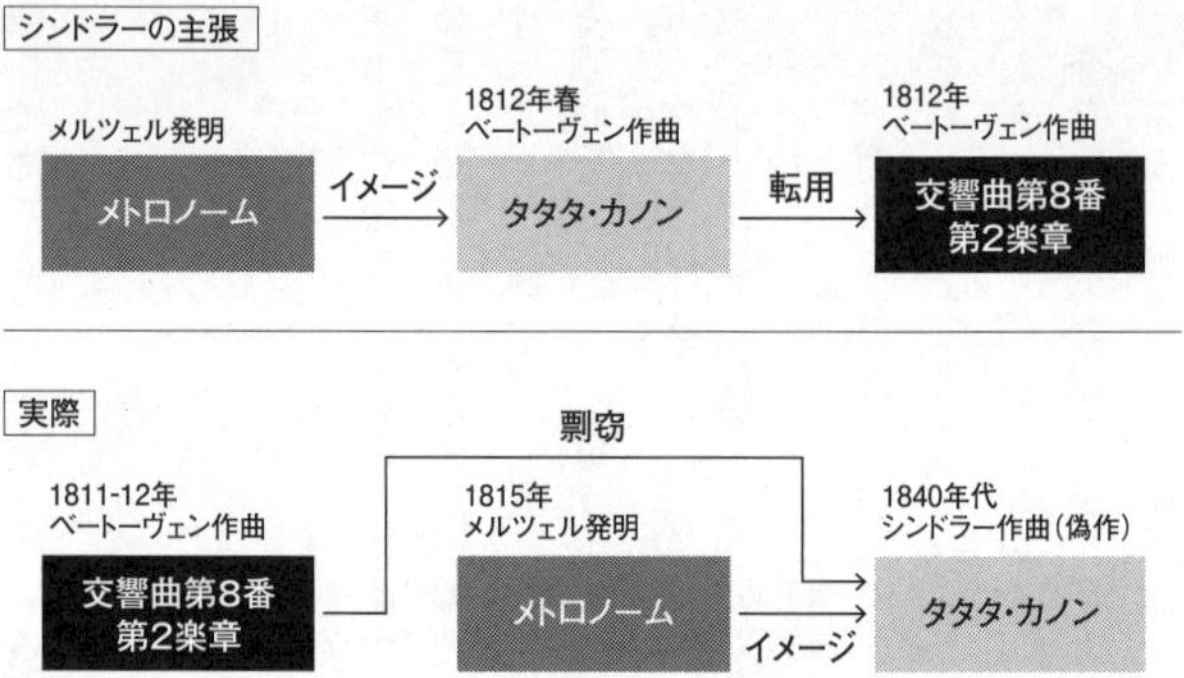

第八番は、一八一一年から一二年に作曲された全四楽章の交響曲である。シンドラーは『ベートーヴェン伝』(第三版)にて、この交響曲の第二楽章は、一八一二年春にベートーヴェンがメトロノームの発明者メルツェルに贈った、メトロノームの音を擬した小曲『タタタ・カノン』(WoO一六二)を転用して作曲されたと主張している(ベートーヴェンは、仲の良い友人知人にこのような冗談めかしたカノンをプレゼントすることがよくあった)。また、会話帳では、シンドラー自身も一八一六年にとある宴席でこれを歌ったとする改竄を行っている。だが、一八一二年時点でメルツェルはまだメトロノームを発明しておらず、『タタタ・カノン』はシンドラーが『交響曲第八番』第二楽章を剽窃《ひょうせつ》して作り上げた

偽作であるとほぼ確定している。

＊

シンドラーは、ベートーヴェンが『交響曲第五番』の冒頭の「ジャジャジャジャーン」のモチーフを「運命が扉を叩く」さまにたとえたと主張している。世に多くの影響を与えた罪深い嘘のひとつだが、これはあくまで演奏解釈上の比喩にすぎない。『タタタ・カノン』の罪はそれよりもはるかに重い。「カノンをもとに交響曲を作った」という主張は、交響曲の創作動機の根幹にかかわるからだ。長らくこの楽章は、メトロノームの「タタタ」という音に由来した作品だと信じられており、これが嘘だと判明したときの音楽業界の衝撃は非常に大きかった。

シンドラーがこれほど大胆な嘘をついた根本的な動機は、今もってはっきりしない。例によって自分がベートーヴェンと親しくなった年代を早めたかったのかもしれない。あるいは、ベートーヴェンの音楽をより魅力的なものとして世に伝えたかったのかもしれないが、本当にそれだけが理由なのだろうか。

会話帳の改竄箇所や著作物上のニセエピソードには、この種の「嘘だと確定している」が、嘘をついた動機がいまいちわからない」箇所がまだ多数存在している。

本書が扱ったのは、〝黒石〟のごく一部にすぎない。今後、検証が進むにつれ、ベートーヴェンの人物像も大きく刷新されていく可能性がある。シンドラーとのオセロ・ゲームは、まだ始まったばかりだ。

終曲　未来

「おお、ベートーヴェンは人間として、いかに偉大であったことだろう！」（1）

アントン・フェリックス・シンドラー『ルートヴィヒ・ヴァン・ベートーヴェン伝』（第一版）

一九七七年。
ベートーヴェンの死から百五十年後。

ヘルベルト・フォン・カラヤンがベートーヴェンの交響曲全曲を日本で指揮し、文化大革命後の中国ではじめて『交響曲第五番「運命」』が放送され、『交響曲第九番「合唱」』の演奏時間を基準にした新しい音楽メディアであるコンパクト・ディスク

（CD）の開発が始まりつつあった年。

東ドイツ・ベルリンで開催された国際ベートーヴェン学会で、アントン・フェリックス・シンドラーの会話帳改竄は暴かれた。

生前からさまざまな疑いの目を向けられつつも、決定的な虚偽の証拠は摑ませなかった秘書。

ついに、その証拠が発見され、白日の下に晒された。

――と、言ってよいものか。

発覚直後の一騒動が収束したあと、研究者の間にはもうひとつの疑惑が生まれた。アレクサンダー・ウィーロック・セイヤーは、本当に、シンドラーの改竄を見抜けなかったのだろうか。「一オンスの史実」を追究し、シンドラーに立ち向かったあの偉大なアメリカ人さえも。

セイヤーがシンドラーの『ベートーヴェン伝』に書かれたさまざまなエピソードに疑いを持っていたことは確かである。彼は、オットー・ヤーンとの総意のもと、シンドラーについてこんな見解を述べている。

彼〔シンドラー〕は自分の話においては誠実かつ正直である。しかし、信用しかねる記憶と傾向を持っている。印象とあとからつくられた認識を、自身が昔から知っていた事実であるかのように考えてしまい、それを適切か判断する配慮なしに、そういうものとして公表しているのだ。(2)

これほど的確にシンドラーの性質を見抜いたにもかかわらず。二度もじかに対面し、シンドラーを追い詰めるチャンスを得たにもかかわらず。実証主義のナイフでもって、このペテン師にとどめを刺すことはできなかったのだろうか。

研究者たちは暗澹《あんたん》たる思いで、ドイツ国立図書館の会話帳チームが作成した「全改竄箇所リスト」を眺めた。

対面の段階では、シンドラーを問いただすほどの確信がなかったとしても。セイヤーには、まだかなり多くの時間が残されていたはずだった。

＊

セイヤーとの二度目の対面から四年後の、一八六四年一月十六日。

アントン・フェリックス・シンドラーは、フランクフルト郊外のボッケンハイムに

て生涯を閉じた。六十八歳だった。

アレクサンダー・ウィーロック・セイヤーは、それから三十三年後の一八九七年まで生き延びた。

セイヤーはセイヤーなりに、シンドラーに呪いをかけていたのかもしれない。かつてシンドラーがヴェーゲラーやホルツに対してそうしたように。

シンドラーが亡くなってから二年後、セイヤーは『ルートヴィヒ・ヴァン・ベートーヴェン伝』第一巻を出版した。ベートーヴェンの出生から二十五歳までを描いた、三百ページを超える大著だ。しかも、セイヤーはこの伝記を、ドイツ人音楽研究者ヘルマン・ダイタースの力を借りて、あえて「ドイツ語」で発表した。かつて母国アメリカのための『ベートーヴェン伝』を書きたいと願っていた男の夢は、いつしか、シンドラーの縄張りであるドイツのど真ん中に飛び込み、ドイツ語でもってこの宿敵を倒すことに変貌していた。続いて、一八七二年に第二巻、一八七九年に第三巻が出版される。裁判録、身辺者からの証言や書簡、当時の新聞記事などを収集し、それらの史料を総動員して書かれたこのシリーズは、ベートーヴェンの伝記研究の決定版として高く評価された。

セイヤーの『ベートーヴェン伝』は、あらゆる意味で「反《アンチ》シンドラー」的だった。セイヤーが疑ったのは、シンドラーが書いた個々のエピソードの信憑性だけではなく、彼の語りの手法そのものだった。作品と人生、あるいは作品と精神とのからみ合いを叙述することで、ベートーヴェンの人間性が作品と同様に偉大であることを証明する。それがシンドラーのスタイルだ。一方のセイヤーは、ベートーヴェンの作品を、彼の人生や精神と結びつけて論じることを徹底して避けた。作品について触れるときは、作曲時期や、出版社との交渉の経緯、演奏会の客入りの状況など、史料の裏付けによって客観的に確認できることだけを書いた。セイヤーはこう言う。「彼〔ベートーヴェン〕の作品の性質を論じたり、またそういった議論を歴史を推測する上での根拠にしたいという誘惑に私は耐えてきた。その手のことは、そういういとなみを偏愛する人びとに任せておけばよいのだ」(3)

しかし、正確さを追い求めるセイヤーのペンは、ベートーヴェンの人生が佳境に差しかかった時期に止まってしまった。

一八一六年。

会話帳が使われ始める二年前だ。

つまりセイヤーは、いよいよ「会話帳」が一次史料としての本領を発揮する時代を

目前に書くことを断念し、そのままこの世を去ってしまったのだ。

セイヤーの未完の仕事は彼の死後、大きく分けてふたつの流派に引き継がれた。ドイツ語版の協力者ダイタースは、後継のフーゴー・リーマンに研究を託し、それがドイツ版『ベートーヴェン伝』（セイヤー＝ダイタース＝リーマン版）として完結した。また、アメリカの研究者ヘンリー・クレービールは、リーマンから譲られた資料を活用して、独自のアメリカ版『ベートーヴェン伝』（セイヤー＝クレービール版）を完結させた。

しかし、彼らの手によって補筆された一八一七年以降の叙述は、亡きセイヤーのポリシーを忠実に継いだとはいえなかった。のちに両者を統合させた『ベートーヴェン伝』（セイヤー＝フォーブス版）を校訂したエリオット・フォーブスは、この二つの版に厳しい意見を寄せている。「ベートーヴェンと甥との関係は、徹底的に正されているとはいえない」(4) たとえば、セイヤー＝クレービール版は、甥カールを徹底して悪しざまに描いている。

彼は学業をおろそかにしはじめた。勉強に飽き、街遊びに夢中になった。彼はウィーンの都会暮らしの喧騒にみずからおぼれていき、ビリヤード、ダンス、

い。

劇場通いに明け暮れた。(5)

シンドラーが『ベートーヴェン伝』(第一版)で記したカール像と何ら変わりがな

いまや自由を手にしたこの青年は、ベートーヴェンという世界的にメジャーな名にふさわしい才気に満ち溢れた若者だった。だが道を誤り、伯父から与えられた自由と愛情を濫用し、勉学を怠り、ついには大学から追い出されるに至った。

甥カールの自殺未遂事件を、偉大な音楽家の責任にしたくない。校訂者のそうした願望が、セイヤーを裏切り、シンドラーの亡霊をよみがえらせてしまったのだ。

セイヤー自身も、甥カールの問題をめぐって大きな葛藤を抱えていたのだろう。だからこそ、ベートーヴェンと甥のいさかいの数々が刻まれた会話帳と向きあう段になって、彼は先を書き進めることができなくなってしまった。『ベートーヴェンとその甥』の著者シュテルバ夫妻は、セイヤーが伝記を中断した経緯をこう分析する。

セイヤーは、ベートーヴェンと彼の甥との関係のところ――『ベートーヴェン伝』第四巻のはじめの部分――まで進んだとき、仕事を断念せざるを得なくなった。明らかにこの仕事は彼の心情に大きく反していた。彼は一時間ほど執筆しただけで、一日中、耐えがたい頭痛に苦しんだ。それにもかかわらず、彼は他の仕事に関しては、そういった悪い状況に陥ることなく集中することができた。――彼は『ベートーヴェン伝』を中断せざるを得なかったその期間に、ほかの学術的な著書を二冊も書いているのだ。(6)

真相は明らかではない。膨大な下調べのメモや、かつてベルリン王立図書館で苦労して作り上げた会話帳の筆写録のなかには、その葛藤の痕跡が刻まれていたのかもしれないが、それらはもうこの世に存在しない。セイヤーが遺した一連のデータは、リーマンからクレービールに引き継がれる際に大西洋を越えてアメリカに渡ったものの、第一次世界大戦から第二次世界大戦の間に姿を消してしまったのだ。二十世紀という時代の荒波に呑まれてしまったかのように。

一方、シンドラーが一八四六年にベルリン王立図書館に売却した「会話帳」の現物も、セイヤーの筆写録以上に奇妙な運命をたどることになった。

ドイツ敗戦後の一九五一年。

ニューヨーク・タイムズ紙が、次のような見出しでニュースを伝えた。


ベートーヴェンの「本《BOOKS》」、ベルリンから消える(7)

*

事件が発生したのは、五月一日。メーデーの祭典の賑わいにまぎれて、ウンター・デン・リンデンのプロイセン州立図書館(旧:ベルリン王立図書館)脇の出入り口に、なんの変哲もない一台のトラックが横付けにされた。ごくわずかな時間とどまったあと、トラックは西へ向けて走り出した。図書館員が異変に気づいたときには、会話帳が収められていた棚のスペースも、音楽部門長のデスクも、すでに空《から》になっていた。

犯人は、図書館の音楽部門長ヨアヒム・クリューガー＝リーボウ。誰もが認めるバリバリの共産主義者で、部門長の地位も政治活動のコネクションで得たものだった。

とはいえ、曲がりなりにも図書館に勤めるからには、所蔵品の全容は把握していただろう。だからこそ、人びとは当惑した。ベートーヴェンの自筆譜を含む二十七点の楽譜と、ヨハン・セバスチャン・バッハの『マタイ受難曲』の自筆譜。これらはわかる。しかし、いったいなぜ、楽譜と比べるとはるかにかさばり、持ち出すのが大変な「ベートーヴェンの会話帳」をわざわざ盗み出したのだろう？

クリューガー＝リーボウが、実は共産主義者を装った対ソ連諜報機関のスパイであったという事実が発覚してもなお、その疑問は残り続けた。あたかもシンドラーの亡霊が憑依したかのようだった。「ドイツよ、ベートーヴェンを守れ」――その願いを百年越しに受け取ったがごとく、クリューガー＝リーボウと盗品を乗せたトラックは、勢いよく東西ドイツの国境線を走り抜けた。ドイツが東西に分断されてから二年。まだ「ベルリンの壁」はなく、検問もゆるやかだった。やるなら今のうちだ、という計算もあったのかもしれない。歴史上で二度目の、会話帳盗難事件。一度目の犯人は嘘つき秘書で、二度目の犯人は政治スパイ。いずれの犯人も、こう思っていたにちがいない。これは「盗難」ではない。「救出」なのだ、と。シンドラーは、会話帳を抱えてペストへ逃げた。一方のクリューガー＝リーボウは、ベートーヴェンの生地ボンにある研究機関「ベートーヴェンハウス・ボン」に会話帳を引き渡した。東ドイツの首都ベルリンから、西ドイツの首都ボンへ。ベートーヴェンを守れるのは、果たしてど

ちらの「ドイツ」なのか？

だが、クリューガー＝リーボウの企みは失敗に終わった。盗難から八年後、彼は別件で逮捕され、ベートーヴェンハウス・ボンは、ドイツ国立図書館（旧：プロイセン州立図書館）の要請にしたがって、会話帳をしぶしぶ返却した。奇しくも、ベルリンに「壁」が築かれた一九六一年のことだった。会話帳の現物にアクセスする自由を失った西ドイツを尻目に、東ドイツの研究者たちは「ドイツ国立図書館版・会話帳チーム」を結成。編纂プロジェクトがスタートした。

シンドラーによる会話帳の改竄は、この編纂の過程のなかで発覚した。

*

改竄箇所には、間抜けなミスが数多くあった。ベートーヴェンの生前の一八二〇年代と、シンドラーが改竄に手を染めた一八四〇年代では、ドイツ語の書法が変化している。たとえば「Sinfonie（交響曲）」という語は、一八二〇年代には「Synfonie（あるいはSymphonie）」と綴るのが一般的だったが、シン

ドラーはうかつにも新しい書法にのっとって「Ｓｉｎｆｏｎｉｅ（あるいはＳｉｍｐｈｏｎｉｅ）」と綴っている。ほかにも連続する会話のはずなのに筆記具が変わっていたり、余白に無理やりセリフを挿入していたりと、不自然な箇所を数えればきりがない。最終的にフンボルト大学の犯罪学の専門家が投入され、年代の鑑定が行われた結果、全部で六十四冊の会話帳に「かなり高い確率で」ベートーヴェンの没年以降に記入されたと見なしうる箇所が確認された。残存している会話帳の四十六パーセントに、何らかの改竄の書き込みが存在していることになる。

シンドラーの犯行は、発覚してみれば完全犯罪とは程遠い代物だった。彼自身、予想していなかったのだろう。たかが一音楽家の人生が、セイヤーの「一オンスの史実」のポリシーを継いで、ここまで事細かに解析されるようになろうとは。起きた出来事が日付単位で整理され、住居リスト一覧が作られ、書き散らしたお遊びのカノンにまで作品番号が付けられ、不滅の恋人との密会場所が特定される、そんな恐ろしい未来がやってこようとは。一八二四年に楽譜が出版されたにもかかわらず、一八二三年四月の会話帳にうっかり書き込んでしまった、リースの『ピアノ協奏曲第七番』への悪口。一八二一年以降に雇ったにもかかわらず、一八二〇年八月の会話帳にうっかり書き込んでしまった家政婦の愛称。あらゆる凡ミスが、シンドラーを嘲笑する恰好

のネタと化した。

その一方、研究者の間では悲観的な見解が広がりだしていた。シンドラーの嘘を完全に排除したベートーヴェン伝を著すことは、もはや不可能なのではないか、と。会話帳のどの部分が改竄なのかははっきりした。だが、彼が伝記に書いたエピソードの大半は、本当だという確証も、嘘だという確証もない。「運命は扉を叩く」とベートーヴェンが言った証拠はないし、絶対に言わなかったという証拠もない。そして、その証拠は、永遠に得られることがないのだ。


シンドラーの会話帳改竄が明るみに出た一九七七年は、「ポスト・モダン」という概念が登場した年でもあった。ポスト・モダンとは、かつては世の人びとが共通して持っていた大きな価値観が崩壊し、無数の小さな価値観へと解体されてしまった時代的な状況を指す。シンドラーが紡いだ『ベートーヴェン伝』は、世の誰もが一定の共感を得られる偉大なベートーヴェン像を打ち立てるという意味で、まさに近代《モダン》の象徴だった。そして捏造の発覚は、ポスト・モダンの時代の幕開けにふさわしい音楽史上の事件だった。

ベートーヴェンの人生のはじめから終わりまでを音楽作品とからめて大河ドラマ的に語る『ベートーヴェン伝』は、もう生まれることはない。一九七七年のショックを

経て、ベートーヴェン研究者は、そんなあきらめにも似た考えを抱くようになってい く。二十世紀後半を代表する音楽研究者カール・ダールハウスは一九八七年にこう言った。「音楽史においても、美術史や文学史においても、記念碑的な伝記の時代は、第一次世界大戦をもって終わり、一九〇〇年頃機を逸してしまったベートーヴェン伝は、たぶん未来にわたっても書かれることはないだろう」(8)同じく著名な研究者であるルートヴィヒ・フィンシャーも一九九四年にこう言った。「今日、一定の水準を非常に高いレヴェルでまとめた、信頼できる大部なベートーヴェン伝をあげることはできない」(9)

ポスト・モダンの風潮が幅をきかせていた頃は、これらの意見はそれなりにサマになっていた。時代が変わったのだ。近代はダサい。シンドラーもダサい。ベートーヴェンを大きな物語として語ることがダサい。もっと言ってしまえば、ベートーヴェン自体がダサい。なんとかダサく見えないように扱うテーマをできるだけミニマムにしたり、斬新な問いを設定してみたりするしかない。しかし、二十世紀も終わりに近づき、ポスト・モダン思想のピークアウトが見えはじめると、シンドラーの捏造問題がいまだに根本的な解決に至っていないという現実が、再び目の前に立ちはだかった。ポスト・モダンは結局のところ、近代に敗北したのではないか？　世の中では大河的なベートーヴェン像が主流で、専門家やオタクはさておき、一般人はみな『交響曲第

五番』を「運命」と呼び続けているじゃないか。揺り戻しのように、シンドラーの業績を擁護する意見もあらわれだした。音楽研究者の西原稔《にしはらみのる》は二〇〇〇年にこう言った。

それ〔シンドラーの捏造〕は彼の個人的なきわめて恣意的なパーソナリティによるものなのだろうか。シンドラーの立場に立ってこれらを考えた場合、ベートーヴェンはどのように映らなければならないという意識が先行したのであろう。(10)

ヨーロッパ文化史研究者の小宮正安《こみやまさやす》は、『音楽史　影の仕掛人』(二〇一三年刊)で、音楽史を動かした「仕掛人」のひとりとしてシンドラーを取り上げてこう言った。

シンドラーは、ベートーヴェン伝説の形成にあたって欠かすことのできない名コピーライターだった。(…)ベートーヴェンの作品に関する特別な逸話がなければ、あるいはそれを基にした呼称が生まれなければ…。それらが現在のような超有名作品になりえていたかどうかは、誰にも分からないのである。(11)

不朽のベートーヴェン伝説を生み出した、音楽史上屈指の功労者。

それこそがアントン・フェリックス・シンドラーの正体だ。音楽ビジネスの世界で生きた男に対して、嘘つきとか食わせ物とか、そんな文句こそが野暮《やぼ》ったいのではないか。いつの世も、名プロデューサーは嘘をつく。シンドラーが会話帳に書きつけた「嘘」の言葉が、まるで勝利宣言のように響いてくる。

「私の親愛なるマエストロ！　私はあなたにまことに喜んで従います。しかし、――『人間が運命に向かって大胆に問いかける瞬間』というものがあります、――だからこそ私もまた問いかけるのです」(12)

＊

しかし、アントン・フェリックス・シンドラーは本当に勝利者だろうか？　勝利者だ！――と言い切って終わらせる。それこそが『ベートーヴェン捏造――名プロデューサーは嘘をつく』というタイトルを冠した本書のゴールかもしれない。ルートヴィヒ・ヴァン・ベートーヴェンを、運命の勝利者として描ききったシンドラーの著作のように。

けれど本書は、シンドラーを肯定するためのものではない。あくまでもシンドラーのまなざしに憑依して、「現実」から「嘘」が生まれた瞬間を見極めようとした本だ。彼の嘘も、彼自身も、決して一筋縄ではいかない、アンビバレントで混沌とした思想や感情の総体だ。あらゆる嘘や人間がそうであるように。

だからこそ、最後の最後で触れておかずにはいられない。シンドラーの知られざるもうひとつの側面に。彼の人生に鋭く突き刺さって血をしたたらせている一本のナイフに。

＊

とき、一八六四年一月十六日。

六十八年と六ヶ月の歳月を耐え抜いたシンドラーの肉体が、ついに屍となって、ボッケンハイムの床の上に斃《たお》れたとき。

まだ図書館に売却していなかったベートーヴェン関連の遺品とともに、シンドラー本人のプライヴェートな記録が転がり出てきた。

それは、なんと、アントン・フェリックス・シンドラー作曲によるいくつかのオリジナル音楽作品だった。

＊

ベートーヴェンハウス・ボンが作成した目録によれば、その数は二十二作品。ピアノ曲、歌曲、合唱曲などが中心だ。ミサ曲に関してはウィーンやアーヘンでの上演記録がいくつか残っているが、それ以外の作品に関しては、公に発表された形跡はほとんど見当たらず、また出版もされていない。作曲年が明らかな作品のうち、もっとも時期が早いのは一八二一年。ベートーヴェンの秘書になる前年、二十六歳の頃である。ちょうど音楽の道を志した時期だろう。

本人のコメントが付されている作品もある。そのうちの一作――へ長調のピアノ・ソナタの一ページ目には、次のような言葉が書き添えられている。

　このソナタ、特に第一楽章は、ベートーヴェンのスタイルをなぞって書こうとしたものだ。なんという思い上がりだろう！　ほんとうに、罰に値する高慢さというべきか！　俺はいまではこの作品に対してそういう考えだ。(13)

作曲は一八三三年。ベートーヴェンが亡くなってから、伝記の第一版を出版するまでの時期にあたる。ヴェーゲラーとの伝記共同執筆の雲行きが怪しくなっていた頃、あるいはミュンスターで指揮台に立ってベートーヴェンの作品を布教していた頃、シンドラーの心には、まったく別の大きな葛藤がひそんでいたのだろうか。ベートーヴェンのことは大いに尊敬している。でも、できることなら、自分もベートーヴェンのような作曲家になりたい。ひょっとしたら、そんな夢を抱いていたのだろうか。ありうる話だ。オルミュッツでのギムナジウム時代から、ベートーヴェンは彼の憧れであり続けていたのだから。伝記の執筆を放置してヴェーゲラーを怒らせたあの空白の数年は、シンドラーが五線紙の前でひそかに闘っていた時期だったのかもしれない。楽譜は自筆ではなく、浄書《じょうしょ》されている。誰かに演奏してもらうことを想定していたのだろうか。

先に引用したコメントは、作曲から二十年近くあとに書かれたものだ。おそらくこの頃には、シンドラーはもう作曲をやめている。目録上の作品のうち、いちばん遅い作曲年は一八四三年。つまり彼の夢は破れたのだ。『ベートーヴェン伝』（第一版）を書き終えた少しあとに。

「罰に値する高慢さ」――シンドラーはそう書いている。ベートーヴェンに仕える自分に強い誇りを持ち、ベートーヴェンをプロデュースするために罪を負うことさえいとわなかった男が、自分の作品については、その価値をとことん軽んじ、容赦のない自罰を行っているのだ。その精神性の正体とはなんだろう。あまり感傷的に考えてしまっては、またシンドラーにだまされてしまうだろうか。このコメント自体がある種の演出という見方もできる。自らの夢を捨て、プロデュース業をまっとうした男。そういう物語を、自分自身の死後に第三者に発見させたかったのかもしれない。
けれど別の想像もできる。音楽を志した男にとって、一生かかってもかなわない天才に出会ってしまったことは、人生における最大の幸福であると同時に、最大の悲劇だった。ベートーヴェンとの出会いは、シンドラーにとって夢のはじまりであると同時に、夢の潰えるきざしだったのかもしれない、と。

その人の音楽に身も心も支配されてしまうとは。自分で何かを作り出そうとしても、すべてその人の剽窃のようになってしまうとは。その絶望に耐えきれず筆を折ってしまうとは。そして抱いた夢さえも「罰」と自ら呼ばざるを得なくなるとは。

こう思わずにはいられない。

シンドラーが人生をかけて改竄したのは、彼自身の本心だったのかもしれない。
しかし、それは、また別のシンドラー伝で語られるべき物語である。

単行本版　あとがき

本書の構成案を練っていた頃、編集氏が冗談めかしてこう言った。「本の著者が主人公の墓石の前にたたずむようなラスト・シーンはやめましょうね」と。

だが、墓の話をしてしまう。

二〇一五年九月。私は、フランクフルト郊外のボッケンハイムの一角で、夏の名残の日差しに目を細めていた。

実をいうと、私はシンドラーのライバルとして本書に登場するフェルディナント・リースの大ファンだ。フランクフルトにやってきたのは、彼が眠る中央墓地の納骨堂を訪れるためだった。薔薇《ばら》の花を捧げたり、写真を撮ったり、ひととおりはしゃいだところで、ふと時計を見ると、乗る予定の特急の出発まではまだ時間がある。それなら、あいつの墓にも行っておくか。完全に「ついで」のノリだった。ごめんなさい。シンドラーの亡骸《なきがら》は、彼の死後、ボッケンハイム墓地に埋葬された。いまは区画整理されて公園になり、墓そのものは残っていないが、墓があったことを示す名前入りのプレートだけは残っているらしい。そんな曖昧な情報だけは事前に仕入れていた。

こぢんまりとした、のどかな公園だった。老夫婦が小径《こみち》を散歩し、ビジネスマンがベンチでパンをかじっている。ただ、奥まった一角は草がぼうぼうと生い茂り、崩れかけた古い墓石が無言で並んでいた。そこだけ空気がちがう。真っ昼間なのに、おどろおどろしい雰囲気だ。この周辺にプレートがあるのだろうか。草むらに足を突っ込んでみたが、それらしきものは見当たらない。心がざわついた。さらに深く足を突っ込む。墓石や煉瓦の壁に、汗だくの鼻をくっつけて、シンドラーの名前を探して回った。まるで墓荒らしだ。怪しい。怪しすぎる。老夫婦がこちらを見ている。小一時間後、ジーンズを泥だらけにし、蚊に追い回されながら草むらを這いずり出て、無理だ、と悟った。

勝手なもので、ついでに来たくせに、見つからないとなるとショックだった。ああ、アントン。きみが罪を隠そうとした墓の位置がどこなのか、わからないだなんて。けれど、こうも思った。その罪が世界のどこかの地底に埋められたことに間違いはなく、私はまぎれもなくその上に生まれ育ったのだ、と。小学校に入学したばかりのある日、音楽室の肖像画の一群のなかに、もじゃもじゃの髪の下から天を睨むひとりの音楽家を見たとき。私はすでに、シンドラーの犯した罪に出会っていたのだ。

本書は、二〇〇七年に書いた修士論文『かたられるベートーヴェン——会話帳から

辿る偉人像の造形――』をもとにしている。その後、クラシック界のゴーストライター騒動から政治文書の改竄に至るまで、真実と嘘をめぐるさまざまな事件が起き、そのたび私は、自室の本棚で埃《ほこり》をかぶった論文の処遇について思いを巡らせてきた。「ベートーヴェンの会話帳」をメインテーマにしたこの論文を、シンドラーを主人公にした一般書という形に移し替えようと決めたとき、私は、彼が負った一ポンドの罪の重さを、はじめて我が身のものとして理解した気がした。すでにアカデミアの人間ではない、つまり立脚すべき方法論をもたない書き手が、ひとりの嘘つき男の目線から物事を語ろうとする危うさについて、私はいくども自問自答した。その問題を共有し、ともすると主観に走りがちな筆をバランス感とセンスでもってコントロールしてくださった「名プロデューサー」である柏書房の竹田純《たけだじゅん》氏に、最大の感謝をお伝えしたい。また、本書のイメージを驚くほど的確に汲み取ってくださった漫画家の芳崎《よしざき》せいむ氏、デザイナーの根本綾子《ねもとあやこ》氏にも、心から御礼を申し上げたい。

あわせて、本書が生まれる最初のきっかけを作ってくださった『歴メシ！』（柏書房刊）著者である音食紀行主催・遠藤雅司《えんどうまさし》氏にも感謝を申し上げたい。シンドラーの生まれ故郷メードルの記念プレートの情報入手およびチェコ語の日本語訳に関しては、ペトル・ホリー氏およびチェコ共和国大使館、ドイツ語の日本語訳に関しては中川航《なかがわわたる》氏に多大なご助言とご尽力をいただいた。静岡文化芸術大学名誉教授・元慶應義塾大

学教授の平野昭《ひらのあきら》先生には、近年のシンドラー研究の状況に関して貴重なご助言をいただいた。また、かつて修士論文の執筆をご指導くださった一橋大学名誉教授の田辺秀樹《たなべひでき》先生および当時のゼミの皆様、そして、日頃私に多くの知見を与えてくださり、本書の出版を温かく見守ってくださったすべての皆様に、この場を借りて御礼を申し上げたい。

かげはら史帆

二〇一八年七月
ベートーヴェンの生誕二百五十年を二年後に控えて

文庫版 あとがき

二〇一八年十月に柏書房より刊行された初著書『ベートーヴェン捏造――名プロデューサーは嘘をつく』は、ありがたいことに想像を超える反響をいただき、版を重ねて三刷にまで至った。

頂戴した感想や評を、ひとつひとつここで披露することは残念ながらできない。ただ何よりもうれしかったのは、多くの読者の方がアントン・フェリックス・シンドラーという人物や会話帳という史料に興味を持ち、愛情を抱いてくれたことであった。十代から「ベートーヴェン周辺人物オタク」として生きてきた私にとって、本書の執筆は、自身の魂にかかわる領域を開示する行為に等しかった。文庫版の初校ゲラを読みながら、当時の自分の「もうどうにでもなれ」というヤケクソ感と、それが本という媒体を通じて倍の熱量として返ってきたときの感激をいまいちど思い返した。シンドラーや他の人物たちのイラストや漫画や小説を創ってくださった方。シンドラー作のピアノ・ソナタを弾いてくださった方。本作をドキュメンタリー番組やその他のメディア作品に活用してくださった方。――いや、「くださった」という表現は正しくない。歴史上の人物や事象への想いの結実という意味では、それらの作品は決して本

書の二次的な産物ではなく、本書とまったく同等の存在だからだ。本書がそれらの新たな「別のシンドラー伝で語られるべき物語」を生む小さなきっかけになったのであれば、著者としてこれ以上の幸福はない。

本書の執筆においては、シンドラーやベートーヴェンやその他の人物たちをできる限りリアルな存在として表現したいと考え、そのために、刊行時に流行していたスラング・俗語を意図的に多用した。放っておいても千年後も生き残るであろう芸術家や芸術作品に対して、普遍的な語彙を用いてそれらの永遠性を賛美するのは野暮の極みである。むしろ私の願いは、ベートーヴェンや彼に翻弄される人びとの言葉や感情を、強引にでも「いまこの瞬間」に召喚することだった。その意志は現在も変わらないが、ありがたいことにこのたびの文庫版の刊行により、本書は、著者の当初の想定よりも長く生き延びられそうである。このため、いささか古びてきたワード、あるいは古びる可能性があるワードについては、作品の延命のためにいくつか書き改めた。加えて、著者の至らなさによる間違いや説明が不十分な箇所も書き改めた。少しニュアンスが変わってしまった箇所もあるが、近未来のための措置としてご理解いただければ幸いである。

文庫版の刊行にあたり、本書にずっと併走してくださっている元・柏書房の竹田純

氏、文庫化をご承諾くださった柏書房の皆様、単行本と同様にイラストを使わせていただいた芳崎《よしざき》せいむ氏、デザイナーの坂野《さかの》公一《こういち》氏、吉田《よしだ》友美《ともみ》氏、河出書房新社の尾形《おがた》龍太郎《りゅうたろう》氏、窪田《くぼた》香織《かおり》氏に、この場をお借りして御礼を申し上げたい。また、個人的に愛読するさまざまな名評伝の著者である栗原康《くりはらやすし》氏に解説をご執筆いただいたことに、感謝の意をお伝えしたい。

最後に、会話帳をめぐる近年の新しいトピックに言及しておきたい。まず、二〇一八年五月より、テオドール・アルブレヒトの改訂と翻訳による英訳版の『会話帳全集』(Theodore Albrecht (Ed. and Tr.), *Beethoven's Conversation Books*, Suffolk 2018-) の刊行が開始された（全十二巻予定）。さらにベルリン国立図書館のデジタルコレクション (Digitalisierte Sammlungen der Staatsbibliothek zu Berlin) では、同図書館に収蔵されている会話帳の全ページをオンラインで誰でも閲覧できるようになった。かように会話帳へのアクセスが容易になったことで、新たな研究成果や創作物が世に送り出される未来がやってくるかもしれない。

刊行以降、シンドラーが眠るボッケンハイムの公園には再訪できていない。この文庫版『ベートーヴェン捏造』を、会話帳のようにコートのポケットに突っ込んで、彼

を驚かせに行く日を心より楽しみにしている。

二〇二三年九月
『第九』初演二百年を来年に控えて

かげはら史帆

解説

ジャジャジャジャーン

栗原康

問答無用でおもしろい。それが本書の感想だ。

なにせもう、しょっぱなからびっくり仰天。たとえば、ふだんクラシック音楽を聴かないわたしでも、ベートーヴェン『交響曲第五番』くらいはしっている。「ジャジャジャジャーン」。中学生のときだったろうか、それが「運命」をあらわしていると教わった。

ベートーヴェンいわく、「かくして運命が扉をたたいた」のだと。かっこいい。そうおもっていたのだが、どうもそれが「捏造」なのだという。わ、わたしの数少ないクラシックの知識が……。

いったい、だれがどうしてそんなことをしたのか。下手人はアントン・フェリックス・シンドラー。ベートーヴェンの後半生、数年にわたって秘書をつとめ、彼の死後、

伝記をかいてベストセラー作家になったひとだ。

著者はこのシンドラーになりきって、なぜ捏造をするにいたったのかその経緯をたどっていく。それが異様にリアルなのだ。秘書であったシンドラー。ベートーヴェンのはげしい感情の起伏に日々、翻弄される。わけもなく怒りをぶつけられる。どうして俺のことをわかってくれないのだとあたりちらされる。

どうしたらいいかわからなくてあたふたしていると、急に機嫌がよくなって、おまえはいいやつだとホメられる。うれしい。でもふつう、そんなことを繰りかえしていたら、精神を病んで一年ともたないのだが、まれに何年たってもヘコたれないマッドなやつがいる。むしろ俺だけがこの偉大な人物をわかってあげられると誇らしくおもう。それが本書の主人公、シンドラーなのだ。

そしてベートーヴェン死後のことだ。友人たちがベートーヴェンのリアルな姿を語りはじめる。弟子に自分の曲をピアノで弾かせて女の子をナンパしたり、めんどうをみていた甥っ子に口をだしすぎて自殺未遂にまで追いこんだり。それをきいて、シンドラーは怒り心頭だ。こいつら本当のことばかりいいやがって。

やるしかない。シンドラーはある遺品を盗みだした。耳の聞こえなかったベートーヴェンが筆談用につかっていたノートの束だ。そこにガンガン、あたらしい書きこみをして、理想的なベートーヴェン像をつくりあげる。英雄！　英雄！　英雄！

甥っ子が自殺未遂をしたのは自己責任。ベートーヴェンがさんざんよくしてやったのに、素行不良で落ちるところまで落ちただけだ。ノートに不都合なことが書いてあれば、燃やしてしまう。ベートーヴェンは聖人君子なのだ。

これでやりたい放題できるとおもったシンドラー。さらに楽曲についても、本人から直接聞いたといって、もっともらしい発言を捏造していく。そのひとつが「ジャジャジャジャーン」だ。やってくれるぜ。

もちろんベートーヴェンの友人たちがだまってはいない。おまえ、ウソをつくんじゃないよとディスってくる。だが、何度バレそうになっても、ピンチをしのいでいくシンドラー。もうヒヤヒヤ、ドキドキがとまらない。ウソつきはつらいよ。

こわいよ、シンドラー

しかし、それにしてもだ。シンドラーのウソが発覚したのが一九七七年。なのに、わたしは一九九〇年代に「交響曲第五番」が「運命」だと教わったのだ。どうしたことか。著者はいう。それはシンドラーの勝利であり、近代の勝利であると。

往々にして、近代の国民国家は大きな物語をもとめている。だれもが国民として誇りをもてるような、共感をしめすことができるような歴史を。わがドイツが誇る偉大

なるベートーヴェン。国民的英雄の大河ドラマ。その崇高な物語をたどっていくうちに、みんなでひとつになっている。あこがれのベートーヴェンみたいに命を投げ捨てて、お国のために尽くすんだと。

じっさい、シンドラーの意図もそういう歴史を描くことにあった。本書でくわしく紹介されているように、物心がついたころナポレオン戦争まっただなかだったシンドラー。なんとなく自分はドイツ語圏の人間だとおもって育つ。

そして十八歳のとき、ウィーン大学に進学。おりしも、それは祖国の危機を救えといって、ヨーロッパ中でナショナリズムが高揚していたときだった。もちろん、このころまで「ドイツ」という単位はあってないようなものだった。だけど、いまこそ民族でひとつになるときだといって、学生運動が燃えあがる。

シンドラーも運動にのめりこんだ。しかし政府に弾圧されて運動は壊滅。大学も中退してしまって、学歴もなくて、どうしたものかとおもっていたところ、ひょんなことでベートーヴェンにひろわれた。

きっとシンドラーはおもっていたのだろう。このベートーヴェンこそがドイツ人によるドイツ人のための音楽家だ。かれの音楽のもとで、われらドイツ国民はひとつになるのだと。実際、ベートーヴェンがここまで世にしられるようになった背景には、ナショナリズムの高揚があったんじゃないかとおもう。

ようするに、シンドラーがやっていたのは、ひとりベートーヴェンの捏造にとどまらない。ある意味、国民の歴史の捏造なのだ。そりゃ、ウソだとわかってもびくともしないだろう。こわいよ、シンドラー。

しかしどうだろう。わたしはそんな歴史にはヘドがでる。だって、この音楽に陶酔して、国民としての自覚をもって、お国のために死んでこいといわれているようなものだろう。戦争のニオイがする。みんなのために従え? いつの時代も、権力者はそういって民衆を服従させる。陰謀と支配のどまんなかだ。

国民的英雄の物語をつむぐよりも、お調子者のマヌケでありたいとおもう

どうしたらいいか。本書の登場人物のなかで、わたしはフランツ・リストに惹かれた。あの有名な天才ピアニストだ。実はこのひともウソをつく。少年時代から天才だったリストくん。その師匠が名をあげさせるために、演奏会にベートーヴェンをまねく。でも本人はこなくて甥っ子がやってきた。ちぇっ。

だが後年、リストが名をあげてからのことだ。うわさが流れた。少年時代の演奏会にベートーヴェンがあらわれて、感動のあまりリストに「聖なるキス」をしたという。他人からそのはなしをきかされたリストさん。「うん、そうなんだよ」といって、そ

のウソに乗っかってしまう。お調子者なのだ。

わたしはこういうウソ、きらいじゃない。なんかマヌケというか、ひょうきんでいいじゃないか。そのうわさがひろまっていくうちに、しだいにベートーヴェンを弾いているリストの姿が、まるで生き写しであるかのようにみなされていく。

そういわれるとリストもさらに調子にのって、それが音楽の達人なんです、「ヴィルトゥオーゾ」なんですよといいはじめる。ここのところ、著者の記述がまた熱い。


高度なテクニックとカリスマ性を誇る演奏家である「ヴィルトゥオーゾ」とは、いわばイタコだ。作曲者の魂を自分の身体に憑依させ、わがことのように嘆きや歓びを語る。聴衆は、ベートーヴェンに感動しているのか、リストに感動しているのかわからなくなってしまう。神と伝道者を混同し、どちらも一緒くたに信仰してしまう。（251〜252ページ）

リストがベートーヴェンを弾いている。あなたとわたし、その境界線があいまいになる。ひとつになりたい。自分が消える。ベートーヴェンに潜りこむ。その可能性を限界までひきだしていく。さらにその先へとすすんでいく。

ひとりでは、いやベートーヴェンですら、想像もしていなかったような演奏がはじ

まる。これまでだれも聴いたことがなかったような音が弾けだす。神々の火花。精神の爆発。心臓がバクバクするような生の躍動。

そしたら弾いている側だけじゃない。聴いている側もおのずと演奏とひとつになってしまう。われもわれもと、我をわすれて夢中になる。自分が自分じゃなくなっていく。熱狂の渦のなか、つぎからつぎへとベートーヴェンになっていく、リストになっていく。もはや演奏家も作曲家もない。弾き手も聴き手もない。ましてや英雄として弾いているのではないし、国民として聴いているわけじゃない。

聴けばきくほど、弾けばひくほど、自分の殻が打ち砕かれていく。おまえはこうだからこうすべきだというアイデンティティを引っぺがしていく。識別不可能ななにかに変わっていく。なにものにも縛られなくなっていく。

さて、人間をひとつにまとめあげていく大きな物語。その国民の歴史をとびこえて、なにものにも支配されずに生きていくにはどうしたらいいか。本書が教えてくれた。国民的英雄の物語をつむぐよりも、お調子者のマヌケでありたいとおもう。ひとつになっても、ひとつになれないよ。リストになりたい。

（くりはら・やすし／アナキズム研究）

関連年表

１７７０　ルートヴィヒ・ヴァン・ベートーヴェン、ボンに生まれる。
１７８９　フランス革命が起こる。
１７９２　ベートーヴェン、ウィーンに移住。
１７９５　アントン・フェリックス・シンドラー、メードルに生まれる。
１７９６　ナポレオン戦争が始まる（－１８１５年）。
１８０１　フェルディナント・リース、ベートーヴェンの弟子になる。ベートーヴェン、『ピアノ・ソナタ第14番「月光」』を作曲、ジュリエッタ・グイチャルディに献呈。
１８０２　フランツ・ゲルハルト・ヴェーゲラー、エレオノーレ・フォン・ブロイニングと結婚。
１８１２　ベートーヴェン、「不滅の恋人への手紙」を書く。『交響曲第８番』完成。
１８１３　シンドラー、ウィーン大学に入学。
１８１４　ウィーン会議が始まる（－１８１５年）。
１８１５　シンドラー、逮捕される。その後、大学内の学生組合の中心メンバーとなる。
１８１８　ベートーヴェン、聴覚をほとんど失い「会話帳」を使い始める。
１８２０　ルドルフ大公、オルミュッツの大司教および枢機卿に就任。
１８２２　シンドラー、ヨーゼフシュタット劇場の第１ヴァイオリニストになる。ベートーヴェンと親しく交友し、間もなく秘書になる。
１８２３　ベートーヴェン作曲『ミサ・ソレムニス』の写譜販売が行われる。カール・チェルニーの弟子フランツ・リスト、ベートーヴェンに演奏会への来訪を願い出る。
１８２４　ベートーヴェン作曲『交響曲第９番「合唱」』初演および再演。シンドラーとベートーヴェンの関係が決裂。シンドラー、ケルントナートーア劇場の第３指揮者に就任。
１８２５　カール・ホルツ、ベートーヴェンの秘書になる。
１８２６　ベートーヴェンの甥カールが自殺未遂事件を起こす。シンドラーとベートーヴェン、交友を再開。
１８２７　ベートーヴェン死去。シュテファン・フォン・

	ブロイニング死去。各所で『ベートーヴェン伝』執筆準備の動きが起きる。シンドラー、ヴェーゲラーとヨハン・フリードリヒ・ロホリッツに伝記の共同執筆を働きかける。その後、ペストに移住。
１８２８	フランツ・シューベルト死去。
１８２９	シンドラー、ウィーンに戻る。
１８３１	シンドラー、編集長として『音楽新聞』を発行。ミュンスター市音楽監督に就任。
１８３４	シンドラーとヴェーゲラーの関係が決裂。
１８３５	シンドラー、アーヘン市音楽監督に就任。ボンでベートーヴェン像建立プロジェクトが発表される。
１８３８	リース死去。ヴェーゲラーとリースの共著『ベートーヴェンに関する伝記的覚書』刊行。
１８３９	リスト、ベートーヴェン像建立プロジェクトに協力を申し出る。
１８４０	シンドラー著『ベートーヴェン伝』（第１版）刊行。
１８４０頃	シンドラー、会話帳の破棄・改竄を行う（−１８４６年）。
１８４１	シンドラー、パリに赴く。『ベートーヴェン伝』（第１版英訳版）刊行。
１８４３	シンドラー、会話帳売却のためベルリンに赴く。ホルツ、伝記執筆をフェルディナント・ジーモン・ガスナーに委ねる書状を書く。
１８４５	ベートーヴェン像除幕記念式典開催。シンドラー著『ベートーヴェン伝』（第２版）刊行。シンドラーとホルツ、新聞上で論争。アレクサンダー・ウィーロック・セイヤー、アメリカでシンドラー著『ベートーヴェン伝』（第１版英訳版）に出会う。
１８４６	シンドラー、会話帳をベルリン王立図書館に売却。フランツ・ヴュルナーを弟子にする。
１８４８	ドイツ三月革命が起きる。リスト、ヴァイマールの宮廷楽長に就任（−１８５８年）。ヴェーゲラー死去。
１８５４	シンドラーとヴュルナーの関係が決裂。シンドラーとセイヤー、１度目の面会。セイヤー、ベルリンで会話帳の筆写作業に取り組む。
１８５７	チェルニー死去。
１８５８	ベートーヴェンの甥カール、ホルツ死去。
１８６０	シンドラー著『ベートーヴェン伝』（第３版）刊行。シンドラーとセイヤー、２度目の面会。
１８６４	シンドラー死去。
１８６６	セイヤー著『ベートーヴェン伝』の刊行が始まる（−１８７９年、未完）。

1871	ドイツ帝国が成立（ドイツ統一）。
1897	セイヤー死去。
1941	ゲオルク・シューネマン版『会話帳全集』の刊行が始まる（-1943年、未完）。
1951	会話帳、ドイツ国立図書館から盗難される（1961年返却）。
1968	ドイツ国立図書館版『会話帳全集』の刊行が始まる（-2001年、完結）。
1977	ベートーヴェン没後150年。国際ベートーヴェン学会にて、シンドラーによる会話帳改竄が報告される。
2001	メードルの役場にシンドラーの記念プレートが設置される。
2018	英訳版『会話帳全集』の刊行が始まる（-2023年現在、進行中）。
2020	ベートーヴェン生誕250年。
2027	ベートーヴェン没後200年。

Nachlass im Beethoven Archiv zu Bonn, Bonn 1965, S.268
https://digilib.phil.muni.cz/bitstream/handle/11222.digilib/110899/F_HistoriaeArtium_09-1965-1_28.pdf（参照：2018 年 7 月 15 日）
（楽譜のデジタルアーカイブは以下。
https://www.beethoven.de/en/media/view/6685498974142464/scan/0（参照：2023 年 10 月 7 日）

※ Staatsbibliothek という語の日本語訳に関しては、以下の文献ほか複数の資料を参照した。
ヘルガ・ドレスラー「ドイツにおける日本書籍コレクション―ベルリン国立図書館（プロイセン文化財団）を中心に」―『日本研究・京都会議 1994』、1996 年、IV 110-122 ページ
https://nichibun.repo.nii.ac.jp/record/3594/files/kosh_non01-04__112__110_122__112_124.pdf（参照：2023 年 9 月 1 日）

van Beethovens Leben, Leipzig 1901-1911. Band4, Kapitel3.
このセイヤー＝ダイタース＝リーマン版の『ベートーヴェン伝』には「1819年」の項に会話帳の解説があり、セイヤーが遺した会話帳に関するメモをそのまま引用したと推測されている（なお、メモそのものは散逸している）。

(1) BKh, Heft110, 13r
(2) Kopitz, Band1, S.223
(3) Kopitz, Band1, S.226
(4) Schindler:I, S.45
(5) Schindler:I, S.181
(6) Schindler:I, S.241
(7) Alexander Wheelock Thayer, From FRANKFURT on the MAIN, in: *Dwight's Journal of Music*, November 25, 1854
(8) TF, p.viii
(9) Schindler:I, S.15

バックステージ II

(1) Eduard Hüffer, *Anton Felix Schindler*, Münster 1909
(2) Daniel Brenner, *Anton Schindler und sein Einfluss auf die Beethoven-Biographik*, Bonn 2013
(3) 大崎滋生『ベートーヴェン像再構築』春秋社、2018年、1060-1066ページ
(4) BKh, Heft73, 8v
(5) Brandenburg, Band5, S179
(6) BKh, Heft38, 33v
(7) Brandenburg, Band5, S219
(8) BKh, Heft24, 30r
(9) BKh, Heft65, 22v

終曲

※当節における1951年のヨアヒム・クリューガー＝リーボウによる「会話帳盗難事件」をめぐる記述は、全面的に以下の文献を参照した。
ナイジェル・ルイス、中野圭二訳『ペイパーチェイス』白水社、2004年［原著：1981年］

(1) Schindler:I, S.258
(2) Hüffer, S.8
(3) TF, p.ix
(4) TF, p.ixxx
(5) Alexander Wheelock Thayer, Henry Edward Krehbiel(Ed.), *The Life of Beethoven*, New York 1921, VolumeIII, Chapter IX
(6) Sterba, p.16（訳は以下を一部参照。シュテルバ、12ページ）
(7) Anonymous, Beethoven 'Books' are lost in Berlin, in: *New York Times*, September 15, 1951
(8) カール・ダールハウス、杉橋陽一訳『ベートーヴェンとその時代』西村書店、1997年［原著：1987年］、8ページ
(9) ルートヴィヒ・フィンシャー、前田昭雄・藤本一子訳「ベートーヴェン研究の現在」― 大宮眞琴、谷村晃、前田昭雄監修『鳴り響く思想　現代のベートーヴェン像』東京書籍、1994年、9ページ
(10) 西原稔『「楽聖」ベートーヴェンの誕生　近代国家がもとめた音楽』平凡社、2000年、300ページ
(11) 小宮正安『音楽史 影の仕掛人』春秋社、2013年、83ページ
(12) BKh, Heft15, 85r
(13) Joseph, Schmidt-Gürg, *Anton Schindlers Musikalischer*

Becker(Hg.), *Anton Schindler der Freund Beethovens – sein Tagebuch aus den Jahren 1841-43*, Frankfurt am Main 1939, S.119
(20) Schindler:III, S.326
(21) Brenner, S.111
(22) Karl Holz, Erklärung die neueste Phillipica des Hrn. Schindler betreffend, in: *Wiener Musik Zeitung*, November 6, 1845
(23) Anomymous, Der Ami de Beethoven, in: *Wiener Zeitung*, September 16, 1845
(24) Schünemann, S.11
(25) Schünemann, S.12
(26) *Wiener Musik Zeitung*, November 6, 1845.
(27) Schünemann, S.12
(28) Schünemann, S.13
(29) BKh, Heft126, 20r
(30) BKh, Heft133
(31) BKh, Heft97, 9v
(32) BKh, Heft110, 13r
(33) BKh, Heft135, 15r
(34) Schünemann, S.8
(35) Schünemann, S.9-10（訳は以下を一部参照。山根、136-137ページ）

第2幕　第3場

※当節における1845年の「ベートーヴェン像除幕記念式典」をめぐる記述は、全面的に以下の文献を参照した。
エステバン・ブッフ、湯浅史・土屋良二訳『ベートーヴェンの「第九交響曲」―〈国歌〉の政治史』鳥影社、2004年［原著：1999年］

(1) BKh, Heft97, 54v
(2-3) BKh, Heft29, 18v
(4-5) BKh, Heft29, 20r
(6) Schindler:I, S.221
(7) ブッフ、163ページ
(8) ブッフ、164ページ
(9) Franz Liszt, *Die Zigeuner und ihre Musik in Ungarn*, Mainz 1859（訳は以下から引用。カール・ツェルニー、岡田暁生訳『ピアノ演奏の基礎』春秋社、2010年、196ページ）
(10) Brenner, S.84
(11) Brenner, S.87
(12) Alan Walker, *Reflections on Liszt*, Ithaca 2005, pp.1-10
(13) Peter Cornelius, Zu Beethoven Geburtsfeier, in: *Neue Zeitschrift für Musik*, Februar 11, 1859
(14) Gustav Schilling, *Encyclopädie der gesammten musikalischen Wissenschaften : oder Universal-Lexicon der Tonkunst*, Stuttgart 1837, Band4, S.415
(15) ブッフ、180ページ
(16) ブッフ、188ページ
(17) ブッフ、188ページ
(18-20) BKh, Heft29, 19r
(21) Brenner, S.528-529
(22) Brenner, S.533
(23) Brenner, S.534
(24) Schindler:III, S.206
(25) Schindler:III, S.VII
(26) Schindler:III, S.178
(27) Schindler:III, S.178

第2幕　第4場

※当節における1860年のシンドラーとセイヤーの面会をめぐる記述は、以下の文献の内容を対話風に再構成したものである。
Alexander Wheelock Thayer, Herman Deiters und Hugo Rieman(Hg.), *Ludwig*

(9) BKh, Heft99, 22r（この箇所では600フロリンCMと書かれているが、ホルツ自身の言葉によれば700フロリンCMである）
(10) BKh, Heft65, 41r
(11) BKh, Heft65, 41r

第2幕　第1場

(1) BKh, Heft137, 7r
(2) Brandenburg, Band6, S.198
(3) Klaus Martin Kopitz und Rainer Cadenbach(Hg.), *Beethoven aus der Sicht seiner Zeitgenossen*, München 2009, Band2, S.773
(4) Johann Aloys Schlosser, *Ludwig van Beethoven: eine Biographie desselben, verbunden mit Urtheilen über seine Werke*, Prague 1828, S.3
(5) Schlosser, S.3-4
(6) Schindler:I, S.1
(7) BKh, Heft139, 15v
(8) Kopitz, Band2, S.778
(9) Kopitz, Band2, S.781
(10) Alexander Wheelock Thayer, Herman Deiters und Hugo Rieman(Hg.), *Ludwig van Beethovens Leben*, Leipzig 1901-1911, Band5, Kapitel4. http://www.zeno.org/nid/20007784325（参照：2018年7月15日）
(11) Hüffer, S.21-22
(12) Anonymous, Anton Schindler, in: *Allgemeines Musikalisches Zeitung*, Januar 4, 1832
(13) Schindler:I, S.14
(14) Daniel Brenner, *Anton Schindler und sein Einfluss auf die Beethoven-Biographik*, Bonn 2013, S.60
(15) Brenner, S.61
(16) Schindler:I, S.8
(17) Anton Felix Schindler, An die Verehrliche Redaktion, in: *Allgemeines Musikalisches Zeitung*, Januar 7, 1835
(18) Ries, S.730
(19) Ries, S.758
(20) Franz Gerhard Wegeler und Ferdinand Ries, *Biographische Notizen über Ludwig van Beethoven*, Koblenz 1838（以下Wegeler＝Riesと略記）, S.113
(21) Schindler:I, S.11
(22) Wegeler＝Ries, S.118
(23) Wegeler＝Ries, S.121
(24) Schindler:I, S.3

第2幕　第2場

(1) BKh, Heft110, 23r
(2) Schindler:I, S.96
(3) Schindler:I, S.262
(4) Schindler:I, S.167
(5-6) BKh, Heft4, 46r
(7) BKh, Heft15, 4r
(8) BKh, Heft15, 85r
(9) BKh, Heft84, 47r
(10) BKh, Heft137, 7r
(11) Anton Felix Schindler, Ignaz Moscheles(Ed.& Tr.), *The Life of Beethoven*, London 1841, p.xiii
(12) Anton Felix Schindler, *Biographie von Ludwig van Beethoven*, Münster 1845（以下、Schindler:IIと略記）, S.283
(13) Schindler:I, S.200-201
(14-16) Schindler:II, S.278-279
(17-18) BKh, Heft97, 39r
(19) Anton Felix Schindler, Marta

(26) BKh, Heft61, 8r
(27) BKh, Heft66, 10v-11r
(28) BKh, Heft60, 7r
(29) BKh, Heft63, 18r
(30) Alexander Wheelock Thayer, Elliot Forbes(ed.), *Thayer's Life of Ludwig van Beethovens*, Princeton 1967（以下、TF と略記）, p.583
(31) TF, p.908
(32) BKh, Heft65, 12r
(33) BKh, Heft66, 5r
(34) BKh, Heft66, 6v
(35) BKh, Heft66, 8r

第1幕　第4場

(1) BKh, Heft67, 10r
(2) BKh, Heft66, 10r-10v
(3) BKh, Heft67, 10r
(4) BKh, Heft67, 10r
(5) Brandenburg, Band5, S.320-321
(6) BKh, Heft68, 12v
(7) BKh, Heft68, 14r
(8) Brandenburg, Band5, S.325-327
(9) BKh, Heft58, 2v
(10) BKh, Heft58, 5r
(11) BKh, Heft117, 11v

第1幕　第5場

(1) BKh, Heft22, 17v
(2) BKh, Heft94, 33v
(3) BKh, Heft94, 34r
(4) BKh, Heft94, 33v
(5) BKh, Heft94, 34r
(6) BKh, Heft108, 7r
(7) BKh, Heft102, 13r
(8) BKh, Heft92, 44r
(9) BKh, Heft94, 45r
(10) BKh, Heft94, 46v
(11) BKh, Heft120, 29r
(12) BKh, Heft120, 50r
(13) BKh, Heft58, 2v
(14) BKh, Heft105, 37v
(15) BKh, Heft113, 4r
(16) Brandenburg, Band6, S.176
(17) BKh, Heft116, 33v
(18) BKh, Heft116, 34v
(19) BKh, Heft117, 23r
(20) BKh, Heft117, 22v
(21) BKh, Heft117, 23v
(22) BKh, Heft116, 44v-45r
(23) TF, p.1046
(24) Brandenburg, Band6, S.385

間奏曲

(1) Schindler:I, S.192
(2) Franz Grillparzer, *Rede zu Beethovens Begräbnis am 29. März 1827*, 1827 https://internet.beethoven.de/regest/hcbbr332.pdf（参照：2023年10月7日）
(3) Schindler:III, S.325

バックステージ I

(1) バリー・クーパー原著監修、平野昭・西原稔・横原千史訳『ベートーヴェン大事典』平凡社、1997年［原著：1991年］、88ページ
(2) BKh, Heft77, 13v
(3) Martella Gutierrez-Denhoff, *Die gute Kocherey Aus Beethovens Speiseplänen*, Bonn 2008 (Neuaufgabe), S.5
(4) BKh, Heft77, 13v
(5) BKh, Heft17, 1v
(6) BKh, Heft31, 32v
(7) BKh, Heft25, 13r
(8) BKh, Heft99, 14r

第1幕　第1場

(1) BKh, Heft27, 31r
(2) https://www.mistopisy.cz/pruvodce/obec/3762/medlov/pamatky-turistika/ (参照：2018年9月15日)
(3) BKh, Heft11, 55r
(4) BKh, Heft13, 28v
(5) Schindler:I, S.95
(6) Schindler:I, S.96

第1幕　第2場

(1) BKh, Heft9, 16r-16v
(2) Theodor Körner, *Auf der Riesenkoppe*, 1809 http://gutenberg.spiegel.de/buch/gedichte-8352/97 (参照：2018年7月15日)
(3) 前田昭雄、國安洋『ベートーヴェン全集』第8巻、講談社、1999年(訳は別冊歌詞対訳集からの引用)
(4) Eduard Hüffer, *Anton Felix Schindler*, Münster 1909, S.5
(5) Schindler:I, S.89

第1幕　第3場

(1) BKh, Heft56, 1v
(2) Anton Felix Schindler, *Biographie von Ludwig van Beethoven*, Münster 1860 (以下、Schindler:III と略記), S.231
(3) BKh, Heft18, 12r
(4) Gerhard von Breuning, *Aus dem Schwarzspanierhause. Erinnerungen an L. van Beethoven aus meiner Jugendzeit*, Wien 1874, S.65
(5) Preussischen Staatsbibliothek von Georg Schünemann(Hg.), *Ludwig van Beethovens Konversationshefte*, Berlin 1941-1943, Band1, S.4 (アントン・ヴィルヘルム・フォン・ツッカルマリオの証言)
(6) 山根、6-7ページ(ヨハン・フリードリヒ・ロホリッツの証言)
(7) Ludwig van Beethoven, *Heiligenstädter Testament*, 1802
(8) BKh, Heft38, 11v-12r
(9) BKh, Heft28, 40v
(10) BKh, Heft24, 3v-4r
(11) BKh, Heft22, 40r
(12) BKh, Heft22, 47v
(13) Sieghard Brandenburg (Hg.), *Beethoven-Briefwechsel Beethoven-Haus Bonn*, München 1996-98 (以下、Brandenburg と略記), Band5, S.178 (訳は以下を一部参照。アレクサンダー・ウィーロック・セイヤー、エリオット・フォーブス校訂、大築邦雄訳『ベートーヴェンの生涯』音楽之友社、1974年［原著：1967年］(以下、セイヤー＝フォーブスと略記)、下巻952ページ
(14) Brandenburg, Band5, S.179
(15) Brandenburg, Band5, S.214
(16) Ferdinand Ries, Cecil Hill(Hg.), *Briefe und Dokumente*, Bonn 1982, S.184
(17) Brandenburg, Band5, S.242
(18) BKh, Heft54, 20v
(19) BKh, Heft57, 25v
(20) Schindler:III, S.62-63
(21) BKh, Heft57, 39v
(22) BKh, Heft66, 14r
(23) BKh, Heft60, 60v
(24) BKh, Heft60, 7r
(25) BKh, Heft60, 11v

註

序曲

※当節における1977年ベルリンの「国際ベートーヴェン学会」をめぐる記述は、部分的に以下の文献を参照した。
児島新「日本への手紙―ベートーヴェン祭と東ドイツ」―『本』1977年10月号、講談社、44-46ページ

(1) Anton Felix Schindler, *Biographie von Ludwig van Beethoven*, Münster 1840（以下、Schindler:Iと略記), S.8
(2) Joseph B. Fleming, Beethoven Controversy, in: *The Washington Post*, April 6, 1977
(3) Editha and Richard Sterba, *Beethoven and his Nephew*, New York 1954, p.223
（訳は以下を一部参照。エディッタ&リヒャルト・シュテルバ、武川寛海訳『ベートーヴェンとその甥』音楽之友社、1970年、234ページ)
(4) Karl-Heinz Köhler, The Conversation Books: Aspects of a New Picture of Beethoven, in: *Beethoven, Performers, and Critics – The International Beethoven Congress, Detroit, 1977*, Detroit 1980, p.160
(5) 吉田秀和「音楽展望―資料の『手直し』本人の意志、尊重を」―『朝日新聞』1977年5月19日付夕刊
(6) Dagmar Beck und Grita Herre, Einige Zweifel an der überlieferung der Konversationshefte, in: *Bericht über den Internationalen Beethoven-Kongress 20. bis 23. März 1977 in Berlin*, Leipzig 1978, S.268
(7) *The Washington Post*, April 6, 1977
(8) 武川寛海「音楽喫茶室―まだやっていたシントラー」―『音楽現代』1977年9月号、芸術現代社、148ページ
(9) 南聡「シェークスピアを読みたまえ」―『北海道新聞』2016年7月5日付夕刊
(10) ルイス・ロックウッド、土田英三郎・藤本一子監訳、沼口隆・堀朋平訳『ベートーヴェン 音楽と生涯』春秋社、2010年［原著：2003年］、152ページ
(11) 青木やよひ『ベートーヴェンの生涯』平凡社、2009年、225ページ
(12) Deutschen Staatsbibliothek Berlin von Karl-Heinz Köhler(Hg.), *Ludwig van Beethovens Konversationshefte*, Leipzig 1968-2001（「ベートーヴェンの会話帳」からの引用はすべて同書を出典とする。以下、BKhと略記), Band1, Heft6, 7v
(13) 山根銀二『孤独の対話　ベートーヴェンの会話帖』岩波新書、1968年、104ページ
(14-15) メイナード・ソロモン、徳丸吉彦・勝村仁子訳『ベートーヴェン』岩波書店、1993年［原著：1977年］、下巻513ページ

＊本書は二〇一八年一〇月、柏書房より刊行された『ベートーヴェン捏造――名プロデューサーは嘘をつく』を加筆修正の上、文庫化したものです。文庫化に際して、「文庫版　あとがき」と栗原康氏による「解説」を収録いたしました。

ベートーヴェン捏造《ねつぞう》

名《めい》プロデューサーは嘘《うそ》をつく

二〇二三年一一月一〇日　初版印刷
二〇二三年一一月二〇日　初版発行

著　者　かげはら史帆《しほ》
発行者　小野寺優
発行所　株式会社河出書房新社
〒一五一―〇〇五一
東京都渋谷区千駄ヶ谷二―三二―二
電話〇三―三四〇四―八六一一（編集）
〇三―三四〇四―一二〇一（営業）
https://www.kawade.co.jp/

ロゴ・表紙デザイン　粟津潔
本文フォーマット　佐々木暁
本文組版　株式会社キャップス
印刷・製本　中央精版印刷株式会社

Printed in Japan　ISBN978-4-309-42015-8

ベートーヴェン

吉田秀和 41741-7

「ベートーヴェンの音って？」から、ソナタ、協奏曲、交響曲について、さまざまな指揮者、演奏家の解釈を通じて、ベートーヴェンとは何かを味わう。文庫オリジナル編集。

カラヤン

吉田秀和 41696-0

今こそカラヤンとは何だったか、冷静に語る時。適任はこの人をおいていない。カラヤンの、ベートーヴェン、モーツァルト、ワーグナー、オペラ、ブルックナー、ドビュッシー、新ウィーン学派……。

決定版　マーラー

吉田秀和 41711-0

2011年オリジナル文庫の増補新装版。新たに「マーラー、ブルックナー」「マーラーの新しい演奏」「五番　他　シノーポリ」「菩提樹の花の香り」など五篇を追加。

私のモーツァルト

吉田秀和 41809-4

吉田秀和がもっとも敬愛した作曲家に関するエッセイ集成。既刊のモーツァルトに関する本には未収録のものばかり。モーツァルト生誕230年記念。長文の「私が音楽できいているもの」は全集以外初収録。

ホロヴィッツと巨匠たち

吉田秀和 41714-1

圧倒的な技巧派・ホロヴィッツの晩年公演を「ひびの入った骨董品」と称し名声を高めた吉田秀和。他、著者が愛した名ピアニスト３人——ルービンシュタイン、リヒテル、ミケランジェリに関する一冊。

ブラームス

吉田秀和 41723-3

ブラームスの音楽の本質・魅力を、ブラームスの人間像も含めて解き明かす。交響曲、協奏曲、ピアノソロ、室内楽等々、幾多の名曲と名演奏を味わう、ブラームス鑑賞の決定版。文庫オリジナル。

クライバー、チェリビダッケ、バーンスタイン

吉田秀和　41735-6

クライバーの優雅、チェリビダッケの細密、バーンスタインの情動。ポスト・カラヤン世代をそれぞれに代表する、３人の大指揮者の名曲名演奏のすべて。

フルトヴェングラー

吉田秀和　41927-5

2011年初版の新装版。ベートーヴェン、ブラームス、ブルックナーなどの演奏論。巻末に『LP300選』に掲載されたレコード表に基づくCD一覧を増補。著者没後10年を期して。解説＝片山杜秀。

グレン・グールド

吉田秀和　41683-0

評価の低かったグールドの意義と魅力を定め広めた貢献者の、グールド論集。『ゴルトベルク』に始まるバッハの他、モーツァルト、ベートーヴェンなど、多角的に論じる文庫オリジナル。

バッハ〈増補版〉

吉田秀和　41956-5

2019年３月刊の初刊に、「カール・リヒター」「ブランデンブルク協奏曲（アルモニコの」「ピアノでバッハを弾いた人たち」「クリスマスのJ・S・バッハ」の４本を増補。吉田秀和のバッハ論の集大成。

バレリーナ　踊り続ける理由

吉田都　41694-6

年齢を重ねてなお進化し続ける、世界の頂点を極めたバレリーナ・吉田都が、強く美しく生きたいと願う女性達に贈るメッセージ。引退に向けてのあとがき、阿川佐和子との対談、槇村さとるの解説を新規収録。

音楽家の世界

吉田秀和　41962-6

戦後まだ日の浅い1950年刊の、クラシックの魅力をやさしくかつ深く伝える決定版の待望の文庫化。クープラン『クラブサン組曲」からショスタコーヴィチ「第５」まで、53人の66曲。究極の名曲入門。

中世音楽の精神史

金澤正剛　41352-5

祈りの表現から誕生・発展したポリフォニー音楽、聖歌伝播のために進められた理論構築と音楽教育、楽譜の創造……キリスト教と密接に結び付きながら発展してきた中世音楽の謎に迫る。

西洋音楽史

パウル・ベッカー　河上徹太郎〔訳〕　46365-0

ギリシャ時代から二十世紀まで、雄大なる歴史を描き出した音楽史の名著。「形式」と「変容」を二大キーワードとして展開する議論は、今なお画期的かつ新鮮。クラシックファン必携の一冊。

片山杜秀のクラシック大音楽家15講

片山杜秀　41945-9

単行本『クラシックの核心』の９人（バッハからグレン・グールドまで）に、ベートーヴェン、トスカニーニ、バーンスタイン、マリア・カラス、カール・リヒター、吉田秀和の６人を大増補した文庫版。

森のうた

岩城宏之　41873-5

オーケストラを指揮したい！　東京藝大で指揮者修業に奮闘するイワキとナオズミ。師と出逢い、ケンカと失恋を越え、ついに演奏会の日がやって来た！　名エッセイストが綴る、涙と笑いの傑作藝大青春記。

指揮のおけいこ

岩城宏之　41952-7

指揮者の役割とは？　指揮の上達法とは？　暗譜のコツと大失敗、意外と多い指揮台からの落下etc.　世界的マエストロで名エッセイストが明かす、楽しくてちょっとためになる「指揮」の秘密。

服は何故音楽を必要とするのか?

菊地成孔　41192-7

パリ、ミラノ、トウキョウのファッション・ショーを、各メゾンのショーで流れる音楽＝「ウォーキング・ミュージック」の観点から構造分析する、まったく新しいファッション批評。文庫化に際し増補。

ヒップホップ・ドリーム

漢 a.k.a. GAMI　41695-3

マイク1本で頂点を競うヒップホップの精神とそれを裏切るシーンの陰惨なる現実。日本語ラップを牽引するラッパーが描く自伝的「ヒップホップ哲学」に増補を加え、待望の文庫化！

『FMステーション』とエアチェックの80年代

恩藏茂　41838-4

FM雑誌片手にエアチェック、カセットをドレスアップし、読者欄に投稿——あの時代を愛する全ての音楽ファンに捧ぐ！　元『FMステーション』編集長が表も裏も語り尽くす、80年代FM雑誌青春記！

M／D 上　マイルス・デューイ・デイヴィスⅢ世研究

菊地成孔／大谷能生　41096-8

『憂鬱と官能』のコンビがジャズの帝王＝マイルス・デイヴィスに挑む！　東京大学における伝説の講義、ついに文庫化。上巻は誕生からエレクトリック期前夜まで。文庫オリジナル座談会には中山康樹氏も参戦！

M／D 下　マイルス・デューイ・デイヴィスⅢ世研究

菊地成孔／大谷能生　41106-4

最盛期マイルス・デイヴィスの活動から沈黙の六年、そして晩年まで——『憂鬱と官能』コンビによる東京大学講義はいよいよ熱気を帯びる。没後二十年を迎えるジャズ界最大の人物に迫る名著。

憂鬱と官能を教えた学校 上　【バークリー・メソッド】によって俯瞰される20世紀商業音楽史　調律、調性および旋律・和声

菊地成孔／大谷能生　41016-6

二十世紀中盤、ポピュラー音楽家たちに普及した音楽理論「バークリー・メソッド」とは何か。音楽家兼批評家＝菊地成孔＋大谷能生が刺激的な講義を展開。上巻はメロディとコード進行に迫る。

憂鬱と官能を教えた学校 下　【バークリー・メソッド】によって俯瞰される20世紀商業音楽史　旋律・和声および律動

菊地成孔／大谷能生　41017-3

音楽家兼批評家＝菊地成孔＋大谷能生が、世界で最もメジャーな音楽理論を鋭く論じたベストセラー。下巻はリズム構造にメスが入る！　文庫版補講対談も収録。音楽理論の新たなる古典が誕生！

「声」の資本主義　電話・ラジオ・蓄音機の社会史

吉見俊哉　41152-1

「声」を複製し消費する社会の中で、音響メディアはいかに形づくられ、また同時に、人々の身体感覚はいかに変容していったのか――草創期のメディア状況を活写し、聴覚文化研究の端緒を開いた先駆的名著。

ベンヤミン　メディア・芸術論集

ヴァルター・ベンヤミン　山口裕之〔訳〕　46747-4

いまなお新しい思想家の芸術・メディア論の重要テクストを第一人者が新訳。映画論、写真論、シュルレアリスム論等を網羅。すべての批評の始まりはここにある。「ベンヤミン・アンソロジー」に続く決定版。

メディアはマッサージである

マーシャル・マクルーハン／クエンティン・フィオーレ　門林岳史〔訳〕　46406-0

電子的ネットワークの時代をポップなヴィジュアルで予言的に描いたメディア論の名著が、気鋭の訳者による新訳で、デザインも新たに甦る。全ページを解説した充実の「副音声」を巻末に付す。

デザインのめざめ

原研哉　41267-2

デザインの最も大きな力は目覚めさせる力である――。日常のなかのふとした瞬間に潜む「デザインという考え方」を、ていねいに掬ったエッセイたち。日本を代表するグラフィックデザイナーによる好著。

独裁者のデザイン

松田行正　41894-0

いま、一人の「独裁者」が世界の地図を変えようとしている――独裁者たちは、プロパガンダを駆使してどのように大衆を踊らせ、抑圧して行ったのか？　その手法を「デザイン」の観点から見直す必読の書！

アーティスト症候群　アートと職人、クリエイターと芸能人

大野左紀子　41094-4

なぜ人はアーティストを目指すのか。なぜ誇らしげに名乗るのか。美術、芸能、美容……様々な業界で増殖する「アーティスト」への違和感を探る。自己実現とプロの差とは？　最新事情を増補。

河出文庫

ベートーヴェン捏造
名プロデューサーは嘘をつく

かげはら史帆

河出書房新社